ちくま新書

性風俗のいびつな現場

坂爪真吾
Sakatsume Shingo

1162

性風俗のいびつな現場【目次】

注1：本書で扱う「風俗」は、法律（風営法）上は「性風俗関連特殊営業」と表記され、「風俗営業（キャバレー・クラブ・パチンコ等）」とは異なるものであるが、便宜上、本文中では「性風俗関連特殊営業」を「風俗」と略式表記する。
注2：文中に登場する風俗業界で働く女性・経営者・男性客などの関係者は、プライバシー保護のため仮名で表記している（専門家やNPO関係者など、実名を公表している人物を除く）。

はじめに

†逝きし風俗の面影

二〇〇三年六月一日正午。梅雨時の蒸し暑い空気の中、私はJR池袋駅北口の雑踏を歩いていた。今回の目的地は、北口近くのさびれた商店街・平和通りのビル内にある風俗店「M」である。

「M」は、風俗未経験の素人女性を専門に集めた学園系イメージクラブ（通称イメクラ）だ。看板を出していないので、一見するとごく普通の雑居ビルにしか見えない。狭いエレベーターに乗って三階に上ると、「M学園」という手書きの看板があった。

フロアに入ると、「新入生様、一名御入場です！」と男性従業員の威勢のいい声が上がった。私のような新規客は「新入生」という称号で呼ばれるらしい。「職員室」と呼ばれる待合室に通されると、小学校の教室で使っていた昔懐かしい木製の椅子が並べてあった。次に「通信簿」と呼ばれるぶ厚い女の子の写真入りカタログを渡される。「通信簿」には、それぞれの女の子の制服姿の写真と「得意科目（得意な性的技術）」、「苦手科目（苦手な性的技術）」が書かれており、星座・スリーサイズ・店からのお勧めコメント、そして懐かしい〝たいへんよくできました〟のスタンプが押されている。徹底的なまでの「学校」へのこだわりぶりだ。

「職員室」には黒板が設置されており、チョークで書かれたメニュー説明や、女の子の「成績表」（指名ランキング）、多数のコスチューム写真が貼ってある。ブレザーだけで五種類もあるのが驚きだった。私は六〇分一万四〇〇〇円の「恋人コース」を選択し、女の子のコスチュームはスクール水着、プレイルームは体育倉庫の部屋を選択した。「水泳授業後の体育倉庫で燃え上がる、教師と女生徒禁断の愛」という設定である。

しばしの待ち時間の後、男性従業員から「先生、どうぞ！」と呼ばれた。入店時は新入生だったが、入店後の客は基本的に先生扱いされる設定のようだ。プレイルームに向かう通路には「廊下は走るな！」の貼り紙がある。細かい演出が心憎い。

体育倉庫の部屋に入ると、小柄なセミロングの女の子がスクール水着姿で待っていた。純和風美人のななこさん（二〇歳）は、店側の説明によると、雰囲気作りが上手で恋人プレイに向いているらしい。足元にはサインペンで「ななこ」と書かれた名前入りの学校用運動靴を履いていた。

この部屋には、ベッドの代わりに体育用のマットが敷いてある。その奥には五段の跳び箱と用具入れロッカーがあり、バスケットボールや竹刀、テニスラケットが立てかけてある。広さは四畳半程度だ。プレイ開始のタイマーが鳴る直前、私はななこさんに対して、今日は遊びで来たわけではなく、大学のゼミの調査で来たことを告げた。当時大学三年生だった私は、社会学のゼミで風俗産業の研究をしており、池袋や渋谷、新宿歌舞伎町の風俗店を取材して回っていたのだ。

幸い、ななこさんは研究の趣旨に共鳴してくれ、私のインタビューに対して有益な情報を提供してくれた。彼女も大学生で、風俗で働いていることは周囲に隠しているのだが、大学のゼミなどで風俗の話題が出ると、つい本音で討論に参加してしまいそうになり困っているらしい。「風俗の研究なんかをやって先生に怒られない？」としきりに心配してくれたが、インタビュー終了後は「私もそのゼミに参加して討論してみたい！」と興味津々の様子だった。

六〇分経過後、ななこさんに見送ってもらって体育倉庫の部屋を出た。退店時刻は午後一時二〇分。平和通りは相変わらずの梅雨空だった。

私が取材していた二〇〇三年当時は、店舗型風俗店の爛熟期だった。「M」のような学生生活を細かく再現したプレイのできるイメクラや、電車内を再現したプレイルームで痴漢ごっこのできる専門店、アニメやゲームのキャラクターの服装をした女の子と遊べるコスプレ専門店が賑わい、ビルの地下一階〜五階まで全てをぶち抜いてプレイルームに使ったメガヘルスがオープンするなど、九〇年代から二〇〇〇年代初頭にかけては、風俗が最も遊び心と創意工夫、そして熱気に満ち溢れていた黄金時代だった。

多くの風俗情報誌や求人情報誌が刊行され、インターネット上の情報も爆発的に増えた時期だった。メディアや論壇上でも、社会学者やジェンダー研究者、フェミニストやライターが風俗や援助交際、売春合法化の是非を論じる議論を活発に行い、多くのルポや関連書籍が出版されていた。一言で言えば、風俗で遊ぶこと、風俗を論じること自体が「面白かった」時代だった。私が風俗の世界に惹かれたのも、こうした「文化」としての風俗の面白さと奥深さ、そして黄金時代の醸し出す熱気に当てられたからだった。

あれから時間は矢のように過ぎ去り、池袋でななこさんにインタビューしてから一二年の年月が経った。「M」を含め、当時私が取材した店舗はもはや全て存在しない。その理由は、店舗型風俗店に対する浄化作戦だ。

†浄化作戦による、黄金時代の終焉

私がゼミで風俗の研究をした翌年の二〇〇四年、東京都・警視庁・警察庁が一体となって進めた繁華街の浄化作戦により、無届けで営業していた都内の店舗型風俗店のほとんどが壊滅した。歌舞伎町、横浜黄金町、埼玉西川口など、有名な風俗街が次々に浄化されていった。浄化作戦後、多くの風俗店は看板を出さずにインターネット上で広告宣伝を行う無店舗型に移行し、表社会から見えにくくなった。

ラブホテルや自宅に女性を派遣するプレイが中心になったため、店舗型のような設備投資やプレイの工夫ができなくなった。ホテル代や交通費もかさむようになり、店と客双方に遊び心と余裕が失われてしまったのだ。インターネット上で誰もが無料で店舗の情報や女性の写真、利用客の感想を閲覧できるようになり、紙媒体の風俗情報誌の大半は休刊に追い込まれた。

風俗の遊び方を指南する情報誌が無くなり、男性が風俗の「粋」な遊び方を学ぶ場が消えた結果、価格の安さやサービスの過激さといった、分かりやすい即物的な部分だけが重視されるようになった。店舗型の時代に存在していた、風俗で遊ぶ前の緊張感、そして遊んだあとの虚しさを忘れさせてくれるような「文化」というクッションが無くなった。

こうした変化の中で、執筆媒体の消滅もあって、多くの風俗ライターは廃業し筆を折った。あれほど饒舌だった社会学者やジェンダー研究者も風俗を語らなくなった。かつて風俗を輝かせていた「文化」という名の金メッキが剥がされていった結果、その下に隠れていた地肌が直に露出するようになった。

現代は、言うなれば「風俗が死んだ後の世界」である。店舗という「パンドラの箱」を開けてしまった結果、風俗は無店舗型という目に見えない「亡霊」になり、繁華街の路地裏から浮遊・離散して、社会の見えない谷間や隙間に潜り込み、溶け込んでいった。

それと同時に、店舗という箱の内側に封じ込めていた様々な「災厄」＝性を売り買いする当事者に降りかかるリスクやスティグマ、副作用や後遺症も、目に見えない形で一斉に解き放たれることになった。

実態の見えない「亡霊」が飛び交い、様々な「災厄」が不可視化された形で解き放たれてしまった風俗の世界は、その見えづらさに反して、あるいはその見えづらさゆえに、メディアの注目と世間の関心を惹起し続けてきた。

改めて振り返ると、ここ十数年の間で、風俗の世界に対してメディアや世間から投げかけられてきた問いは、以下の三つに集約される。

一つ目の問いは、「今、現場で何が起こっているのか」
二つ目の問いは、「その背後には、どのような社会問題が潜んでいるのか」
三つ目の問いは、「それらの問題は、どうすれば解決することができるのか」

これまでに出版されてきた大半の風俗関連書籍は、現場のルポや働く女性へのインタビュー、あるいはドキュメンタリーという形で、一つ目の問いに答えることのみに終始してきた。現場で起こっている事実を描写するだけで精いっぱいで、二つ目の問いへの答え＝そうした事実の解釈、背景にある社会問題の分析まではなかなか手が回らなかった。

一方、風俗を批判する論者は、一つ目の問いには答えず、三つ目の問いに答えることのみに終始してきた。現場で起こっている事実を十分に把握せず（あるいは事実を意図的にねじ曲げて解釈・喧伝し）、性産業への規制強化や撲滅といったステレオタイプの批判を繰り返し訴えるだけで、実効性のある解決策を出すことは全くできなかった。

本書は、この三つの問い全てに対して、明確な答えを出すことに挑戦した初めての書籍である。

前半の第一章から第四章では、風俗の世界の中でも、シングルマザーや妊産婦、障害者や中高年女性など、社会的に弱い立場にある人たちが集う末端の現場に焦点を当てる。分かりやすいレッテルをはがした先に見えてくるこの世界のカラクリやジレンマを丁寧に追いながら、一つ目の問いと二つ目の問いに答えていく。前半の各章に関しては、これまでの風俗関連書籍と同様、現場のルポとして読んで頂いても構わない。

後半の第五章〜終章では、旧来のルポやステレオタイプの批判を超えて、三つ目の問いに対する答えを、机上の空論ではなく、具体的な実践を伴った形で明確に提示したい。

本書の最後に示すその答えこそが、「パンドラの箱」を開いた後に残った希望の光となって、この見えづらい世界の闇を照らしてくれると信じている。

第一章

地方都市における、ある障害者のデリヘル起業体験記

その男性に出会ったのは、北陸のある地方都市T市の郊外にある地域生活支援センターだった。地域生活支援センターとは、心身の障害によって働くことが困難な障害者の日中の活動をサポートする福祉施設である。小雨の降る晩秋の寒い日、私は障害者の性問題に関する講演依頼を受けてそのセンターを訪れた。

講演終了後、センターの利用者である一人の男性（以下Aさん）が話しかけてきた。風俗研究をきっかけに障害者の性に関するNPO活動を始めたという私の経歴に興味を持ったとのこと。四〇代前半のAさんは糖尿病による視力障害があり、このセンターに通所している。大柄な体で、派手な皮ジャンを羽織って指にはシルバーアクセを嵌めている。一

見すると障害者には見えない。

詳しく話を聞くと、Aさんは郊外にある自宅で、無店舗型の風俗店、いわゆるデリバリーヘルス（以下デリヘル）を約五年間経営していたそうだ。

デリヘルとは、男性客の依頼に応じて女性をホテルや自宅に派遣し、性器への挿入を伴わない性交類似行為（女性が全裸になって、手や口で男性を射精に導く行為）を提供するサービスである。一店舗目は、二〇〇八年から二〇一二年までの約四年間、二店舗目は一店舗目の閉店後に約半年間営業したという。障害と風俗が思わぬ場面でつながったことに興味を持った私は、Aさんに「詳しい話を聞かせてほしい」と依頼して、デリヘルの起業から現在に至るまでの顚末を伺った。

†障害を抱えながらの一念発起

Aさんは元々大型トラックの長距離運転手やタクシードライバーの仕事をしていたが、視力障害のために運転を続けることが困難になった。そこで、「障害があってもできる、元手のかからない仕事」「資格や専門知識が不要な仕事」を探した結果、デリヘル経営をやろうと思い立った。地元の警察署には、父親名義の自宅を事務所としてデリヘルの営業届出を提出した。女性の待機所も自宅の一室を使用することにした。

「風俗店って、そんなに簡単に開業できるの?」「多額の開業資金が必要になるのでは?」と疑問に思われるかもしれないが、デリヘルに関しては自宅を事務所にして自分の携帯を受付用電話番号として警察に届け出れば、わずか数千円の手数料で、いつでも・どこでも・誰にでも簡単に開業することができる。

一九九八年の風営法改正によってデリヘルが合法的に営業可能になって以来、こうした開業手続きの簡略さや初期投資の低さもあって、デリヘル経営に新規参入する個人・法人は爆発的に増加した。二〇一三年の時点で、全国のデリヘルの届け出数は約一万八〇〇〇件。これは全国のセブンイレブンの店舗数とほぼ同数である。風俗は「反社会的勢力が関わっている世界」というイメージがあるが、デリヘルが風俗の中心になって以来、堅気の素人=脱サラした会社員や大卒者が転職先や起業の選択肢の一つとして参入するケースも増えている。

ちなみにAさん自身がデリヘルを利用したことは一度も無かった。創業時のメンバーは二人で、Aさんがホームページと受付、もう一人がドライバーを担当する形で開業した。営業に必要な知識は実際にやりながら覚えていった。

†「脱いでくれる女性」を、どうやって集めるのか？

まず女性の採用に関しては、出会い系サイトやグリー、モバゲーなどのＳＮＳ、Ｍコミュなどの掲示板で無作為に勧誘を行った。出会い系サイトでは個人売春をしている女性が多いので、脱ぐことに抵抗が少ないであろう女性を誘う算段だったが、売春と風俗は同じように見えて関わっている女性の年代や文化が異なることを知った。他店の店長にはコンビニの前などで積極的にナンパをして女性を調達する猛者もいたが、Ａさんには無理だった。

堅気の素人がデリヘルを経営する場合、「どうやって女性を集めるのか」が、最初にして最大のハードルになる。プロダクションとの提携やスカウトマンを使うなどの裏の求人ルートを持っていない素人経営者は、Ａさんのように個人の人脈や街頭・出会い系でのナンパを通して自力で泥臭く女性を集めるしかない。昨今では条例が厳しくなり、街頭での表立ったスカウト行為ができなくなった。そのためスカウトマンも同じくネットの出会い系やＳＮＳで女性を物色しているので競争は激しい。

高収入求人情報サイトに求人広告を出す方法もあるが、特に地方の場合、数十万単位の金を投資しても、一件の応募も来ない場合がある。デリヘルが潰れる理由は、都市部では客の不足、地方では女性の不足であることが多い。

私が聞いた話では、ある山間部の過疎地域に大企業の工場が誘致された際、一人の経営者が工場の男性従業員の需要を目当てに、都市部から女性を連れてきてデリヘルを開業した。開業直後は連日連夜電話が鳴りやまず、夜中に何台も送迎の車を走らせて多額の売り上げを上げることができた。

しかしその山間部まで来てくれる女性を継続的に確保することができず、結局その店は多くの需要があったにもかかわらず潰れてしまい、経営者は夜逃げしてしまったそうだ。

Aさんの場合は、出会い系での勧誘に加えて自作のホームページ上で求人募集を行い、幸運にも女性はそれなりに集まった。

採用の条件について、特に年齢や容姿にはこだわらなかった。採用が決まったら働く際のルールや約束事を記した契約書を女性と交わしていた。なお採用後の講習は一切行わず、サービスの流れやマナーを口頭で説明するのみだった。他店で働いた経験のある女性が多かったため、講習自体はそれほどしっかりやる必要が無かったからだ。

デリヘル業界では特定の女性が同じエリア内にある複数の店を渡り歩いているケースが

多く、こうした女性は業界用語で「転々虫」と呼ばれる。どの女性も入店してしばらくは「新人」ということで指名が増えるが、新人期間が終われば指名数は減る。新人期間中にリピーターとなる固定客を確保できなかった女性は、その後稼げる見込みはほとんど無くなってしまうので、他の店舗に移り、再び「新人」として売り出してもらう。

Aさんによれば、この業界には「デリヘルワールド」のようなものがあり、同じ顔触れの女性・経営者・男性客が、働く店や経営する店、利用する店を断続的に変えて業界の中を循環している。「デリヘルワールド」内で同じ顔触れの女性が循環しているだけなのであれば、確かに講習は不要だろう。

Aさんの店の在籍女性数は、平均一〇～一二人程度。一八歳から五〇代まで雇ったことがあるが、二〇～三〇代が一番多かった。学歴は様々で、高校中退の女性もいれば地元の国立大学出身の女性もいた。「地元では働きたくない」という理由で市外から働きに来る女性もいた。デリヘルを専業にしている人よりも他の仕事を持っている兼業の人が多く、比率は三対七程度。兼業の人は平日に休みが取れるサービス業が中心で、デリヘルで働きながら仕事を探し、職場が決まった段階で退職する人もいた。

風俗の仕事が一般の人の目に見えにくいのは、兼業の人が圧倒的に多いからだ。週六回、フルタイムで出勤する専業の女性よりも、普段は学生や会社員をしていて、週一回しか出勤しない女性の方が、「風俗慣れしていない素人」「レア出勤」として、男性客から人気が出る傾向がある。

店舗の待機所（Aさんの自宅の一室）では、営業日にはおおむね六、七人の女性が待機していた。ちなみに女性本人の自宅での待機もOKにしていた。いわゆる「ダミー出勤」として出勤していない女性をホームページに載せることもあったが、そういう日に限ってその女性に指名が来る。待機時間は無給だったが店舗までの交通費は支給しており、遠方の市から来る人にはバス代やガソリン代を支給した。

店内の人間関係は比較的良好で、社員と女性で温泉旅行やバーベキュー、花見に行くこともあるなど、アットホームなお店だった。ただデリヘルで働く女性は、見た目は可愛いが、一人を好み、女友達はつくらず、遊ぶなら男……という風に、どこか異質な女性が多かった。待機所に手作りのお弁当を持参するなど、経営者であるAさんに対して女を売ってくる計算高い人もいた。女性から告白されたこともあったが、好みではないので断った。

多くの女性を採用してきた中で分かったのは、「お金にこだわる人は長続きしない」ということ。そもそもデリヘルではそれほど稼げず、お小遣い程度にしかならないからだ

（稼ぎについては後述）。ホストにハマっている女性も二、三人いたが、ホスト経由で来る女性はたいてい続かない。ソープ上がりの女性もデリヘルに来ることがあるが、同じく続かない。水商売の女性はデリヘルを見下し、デリヘルはソープを、ソープはデリヘルを見下す傾向がある。

採用した女性は独身者が一番多かった。シングルマザーもいたが、二、三人程度。地方都市の場合、女性は離婚しても、地元の実家に戻ることができれば、いきなり経済的に困るような事態には陥らないので、都市部に比べればデリヘルのシングルマザー在籍率は低いのかもしれない。

†デリヘルが「アナログ極まりない」サービスである理由は？

男性からの依頼は、予約制ではなく原則として当日に電話で受け付ける形にしていた。メール予約は常連のみ。これは、Aさんいわく「男の性欲は、お酒や出張の際に突然湧いてくるもの」であり、かつ男性客とは当日にその場で直接連絡を取り合わないとキャンセルやすっぽかしを食らうリスクがあるためだ。

ネット経由の完全予約制にすれば依頼の受付事務やコストは大幅に削減できるし、そもそも待機所も不要になる。事前に利用規約やサービスプランの説明と確認、派遣ルートや時間帯の調整なども行うこともできるので、サービス中のトラブルや移動中の遅刻や事故も減らすことができるはずだ。しかし大半のデリヘルでは、女性を予め特定の場所に集合・待機させた上で、電話での当日受付・当日派遣を行うという非効率かつアナログ極まりない方法を取っている。

デリヘルが完全予約制を取りたくても取れない背景には、男性の性的欲求は事前に「予約」できない突発的な代物であるという固定観念と、男性客に対する消えない疑念と不信があるからだ。店側としては、なるべく身元の確かな信頼できる客、きれいに遊んでくれる客に来てほしいが、無店舗の派遣型サービスであるがゆえに、男性客の様子を事前に対面で確認することはできない。

また風俗業界自体が社会的信頼の極めて乏しい業界であるため、男性側に身分証明書の提示を求めることが難しい。仮に入会時に身分証明書の提出を義務付ければ、多くの男性は個人情報が流出・悪用されるのを恐れて利用しなくなるだろう。だからといって男性側の身元確認を何も行わなければ、サービス現場で暴力や盗撮などのトラブルが起こるのは火を見るより明らかだ。

こうした理由があるため、ほとんどのデリヘルでは、唯一の身元確認手段として男性客の電話番号確認を徹底し、非通知設定や公衆電話からの依頼、及びメールアドレスのみでの依頼は断っている。電話番号をそのまま会員番号にして、システムを組んで顧客管理している店もある。

デリヘルが完全予約制を取らないもう一つの理由は、女性の身体的・精神的不良（生理や鬱など）による遅刻や当日欠勤、無断欠勤が日常茶飯事のため、事前に出勤シフトを確定させることができないからだ。「市外の遠方から出てくる女性は、数日間滞在して働くので予定が立てやすい」とAさんは語っていた。

†どのような男性が、どのように利用するのか

T市には、主要駅の中心部から車で五分程度の湖畔にラブホテルが密集している地帯がある。地方都市によく見られる、車でそのまま入場できるタイプのホテル（いわゆるモーテル）もある。この地帯にはデリヘル利用に合わせて二時間コースを設けているラブホテルも多い。「カップル利用よりもデリヘル利用の方が多いのかもしれない」とAさんは語る。ラブホの前に停車しているワゴン車は、デリヘルの女性を送迎する「デリワゴン」だ

とすぐに分かるそうだ。

この湖畔近くにあるゲームセンターの駐車場で女性と待ち合わせるのが、T市の男性の基本的なデリヘル利用パターンだ。男性客と合流した後、女性は男性客の車に同乗してホテルに向かう。Aさんは店の車で男性客の車を後ろから尾行してホテルに入ったのを確認する。その際必ず車のナンバーを控えておく。

男性客の年齢は四〇代が一番多く、裕福な人が多い印象だった。高齢者や障害者の客もいた。学生は少なく、最年少は二一歳。

特殊な性癖を持った男性も稀におり、女性から「コーナーさん（なぜか部屋のコーナーでプレイをしたがる客）」などのあだ名をつけられていた。他店でも同じあだ名をつけられていた、ということが分かった時は大笑いした。

派遣先はラブホテルが九割。自宅に呼ぶ人はほとんどいなかった。ビジネスホテルはデリヘルが入れないところもあったので、客から依頼のあったホテルが入れるかどうか分からない場合、まず地元大手のデリヘルに客を装って電話して、当該ホテルのデリヘル利用の可否を確かめてから、その通りに客に伝えるという裏技を駆使。受付とエレベーターが離れていれば問題なく入れるところが多く、地元の有名ホテルもたいてい入ることができた。一方、低価格が売りのホテルチェーンは入れないところが多かった。

衛生面の安全のために、男性客には事前に必ず女性と一緒にシャワーを浴びてもらった。時間が惜しいという理由で先に浴びている客もいるが、洗い方が足りない場合もあるので必ず一緒にシャワーを浴びることを義務付けた。農家の男性から「小屋でできないか」という依頼があったが、シャワーが無いので断ったこともある。

T市内の客は、遊び方を知っている人、きれいに遊ぶ人が比較的多かった。ウィークリーマンションを「デリヘル専用部屋」としてレンタルし、昼間に会社を抜け出して呼ぶという豪胆な役員の男性客もいた。一方、郊外や田舎の農家のおじいさんやお父さんの中には、遊び方を知らず、女性の嫌がることを強要してくる怖い人もいた。デリヘルで最も多いトラブルは、男性客からの本番強要＝法律上の禁止行為である性器への挿入を求めることである。これについては、要求はあったが強要は無かった。皆、「本番できないか」と持ちかけてはくるものの、女性側が断ると素直に引き下がった。

依頼の電話が最も多く鳴る時間帯は、平日は夕方五時〜夜八時。仕事が終わって、帰る前にラブホテルで、という男性が多い。土曜日は終日まんべんなく電話が鳴る。日曜日は昼間が忙しく、夜は暇だった。地元客と出張客の割合は九対一程度。出張客を狙って広告を打っている同業者もいた。

†地方にも押し寄せる、価格破壊の波

Aさんの店では大手や地元の風俗情報サイトに月額三万円を投資して広告を掲載していた。当時はそれで十分に利益が出た。大手のC社は掲載用写真の無料撮影などのサービスやアフターケアがよく、専用のホームページも用意してくれた。店同士の横のつながりは無かったが、「大手チェーンやフランチャイズではなく、個人経営の店舗の自助グループのようなものがあれば、その中で女性を融通し合って回せるので、入りたかったかも」とAさんは語る。

それでも他店から移ってきた女性からの情報で、「あそこは県外資本らしいよ」「あの系列はヤクザらしいよ」「あの人妻店と激安店は同一系列らしいよ」「あそこの店長は、ところかまわずナンパして女性を集めている」「あの店は土建屋の社長が趣味でやっているので儲けなくてもいいみたい」といった業界内の動きや裏話を知ることができた。

その中で、ある地元の大手デリヘルが湖畔のラブホを買い取って待機所にしているらしい、という噂が流れたことがあった。無店舗型のデリヘルがホテルやレンタルルームと連

携することは、法律的には「偽装店舗型」とみなされ摘発対象になる。法律や条例の規制により店舗型風俗店の新規開業は全国的にほぼ不可能になっているからだ。

しかしビジネスとして考えると、無店舗型よりも店舗型の方が女性を送迎する手間とコストがかからない分、効率的に利益を出すことができる。女性の安全管理の面から見ても、初対面の客とホテルの密室で一対一にならざるを得ない無店舗型よりも、ドアの向こうに常時従業員がおり、トラブルが起こったときにすぐに駆けつけてくれる店舗型の方が圧倒的に安全だ。そのためデリヘルの利益が頭打ちになって経営が苦境に陥った際、より大きな利益を求めて違法な「偽装店舗型」に手を出す店舗や大手チェーンは後を絶たない。

近年は「奥様系」「特急系」と称される、三〇〜四〇代の女性による過激なサービスを売りにする激安人妻デリヘルがT市にも進出。三〇分三二〇〇円、六〇分六五〇〇円という従来のデリヘルでは考えられない超低価格で女性を派遣するため、価格競争が一段と激化している。全国チェーンやフランチャイズによって規模を拡大しているこれらのデリヘルは「メガデリ」と呼ばれ、各地域の個人経営のデリヘルの吸収・合併を繰り返して巨大化している。

数年前まではT市にもデリヘル業界内部での価格協定があり、地元の広告代理店と店舗が連携してサービスの最低価格を「六〇分一万四〇〇〇円以上」で統一し、その価格以下でサービスを提供しようとする店を排除（＝風俗情報サイトへの広告掲載拒否）していた。しかし全国大手の風俗情報サイトの影響力の増大、県外資本のフランチャイズや激安店の進出、さらに協定から離反する地元店舗の増加によって、価格協定は完全に形骸化し、利益度外視の不毛な価格競争の時代に突入してしまった。

なおAさんによれば、このT市内のデリヘルの八割以上は本番行為を行っているらしい。「手や口で射精させるより楽だから」という理由で追加料金なしでする女性もいる。本番が流行る理由は、売上を上げたい経営者のニーズや本番を求める男性客のニーズだけでなく、時間と手間のかかるオーラルセックスや素股をせずに楽をして稼ぎたいという女性側のニーズもある。

二〇一五年現在、T市におけるデリヘルの相場は、六〇分一万三〜四〇〇〇円前後。Aさんによれば、T市における売春（＝出会い系サイトでの個人売春）の相場は、一万〜一万五〇〇〇円程度だそうだ。東京などの首都圏の相場はホテル代別で二万円なので、都市部に比べれば若干安い。一方、T市のソープの相場はおおむね一万六〇〇〇円〜二万五〇〇〇円程度。三万は超えない。デリヘルでの本番行為がデフォルトになりつつある地方都市の特徴かもしれないが、個人売春・デリヘル・ソープの価格差は無くなりつつある。

†デリヘル経営をやめたきっかけ

約四年半の営業期間中、大きなトラブルは一度も無かった。「デリヘルの経営は意外と安全なのかもしれない」とAさんは語る。警察については、三年に一回店舗への立ち入り調査があると言われていたが、結局一度も来なかった。デリヘル経営にはドラマのような出来事や波乱万丈は無く、女性は今日も淡々と服を脱ぎ、男性客は今日も淡々と射精する。それほど不幸でもハイリスクでもないが、かといって幸福でもノーリスクでもない弛緩した現実がそこにはある。

店の客数は年間六〇〇〜七〇〇人で、一日に換算すると五〜六人程度。女性の報酬や広告費等の経費を引くと、Aさんの手元に残るのは毎月一五万円程度だった。デリヘルをやめた理由は、女性不足。営業を続けていくうちに次第に女性が集まらなくなってしまった。店舗の名称を変えれば集まるかと思い、名称を変えてリニューアルオープンしたがダメだった。

前述の通り、地方都市では同じ女性が複数の店舗を渡り歩く傾向がある。人口規模の少ない地方都市では、地元に住んでいるデリヘル勤務経験のある女性に一通り「渡り歩かれて」しまうと、その時点で新規の求人応募はほとんど来なくなってしまうのかもしれない。これは女性側に関しても言えることで、ある地方都市では、容姿端麗な女性がデリヘルで働き始めて、地元に住んでいる風俗ユーザーのほぼ全員に接客するというレベルの人気を誇ったものの、一人もリピーターがつかなかったため、その街での職業寿命がわずか半年で終わってしまったという例もある。

また地元のデリヘル店で働き始めた女性が、人気が出すぎてしまい、街に出るたびにこれまで接客した男性客の誰かと出会うので、その街に住めなくなってしまったという例もある。人口の限られた地方都市でデリヘルを長期に続けていくことは、女性にとっても経営者にとっても実はかなり難しいことなのかもしれない。

今後再びデリヘルを経営する気はあるかとAさんに尋ねたところ、「T市のデリヘル市場は、店舗数は減ってきているが客数は減っていない気がするので、女性がいればうまく回るかもしれない。しかし自分としては、もうやろうとは思わない」と語っていた。

†二元論では割り切れない、複雑な多面体の世界

ここまでAさんのデリヘル起業体験記を紹介してきた。一般に風俗は「女性が男性に裸を売る世界」と考えられているが、これは間違いであり、正確には「男性（経営者）が、男性（客）に対して、女性の裸を売る世界」である。つまり、売るのも買うのも男性だ。

にもかかわらず、男性側にスポットライトが当たることはほとんど無い。多くの読者にとって、風俗で働く女性のインタビューやルポを読むことはあっても、風俗に通う男性客やそこで働く男性のインタビューを読む機会はほとんどないだろう。地方都市で個人経営のデリヘルを運営していたAさんの体験記を読んで、「風俗って、そんなに儲からない仕事なのか」「男性経営者も苦労が多いんだな」という感想を持たれたかもしれない。

当たり前の話だが、風俗は女性だけの世界ではない。そして、「よい／悪い」の二元論で割り切れるような単純な世界でも決してない。見る角度や語る人の性別や立場が変われば全く違った風景が見えてくる、複雑な多面体の世界なのだ。

そしてこの体験記にも、もう一つの側面がある。障害者でもあるAさんは、実は生活保護を受給しながらデリヘルの経営を続けていたのだ。地元の市役所の保護課からは、「デ

リヘルを経営することで、あなたが経済的に自立できるならば全く構わない」と言われていたそうだ。

「風俗＝反社会的だが、それゆえに儲かる仕事」という一昔前のイメージを持っている人にとっては、「障害のある男性が、生活保護を受給しながらデリヘルを経営している」という事実は、全くの予想外かもしれない。

生活保護を受けながらデリヘルを経営していたことについて、Ａさんは、「良い暇つぶしにはなった」「デリヘル経営は障害者の就労支援に使えるかも」と飄々と語っていた。

風俗の世界でも、生活保護に頼らなければ経営者の生活すら成り立たないことがあるという事実、そして生活保護を受給しており障害福祉サービスの利用資格もある人が、それにもかかわらず生活のために風俗の世界に参入しなければならなかったという事実は、一体何を意味しているのだろうか。

これらの答えを探るべく、次章では、舞台を北陸の地方都市の郊外から東京・渋谷の繁華街である円山町に移して、さらにこの世界の深層に切り込んでいきたい。

第二章　妊婦・母乳専門店は「魔法の職場」

金曜日の夜七時、渋谷。二月末の肌を刺すような寒さの中、ある県の社会福祉協議会主催の障害者の性に関する研修講師の仕事を終えた後、私は取材のために人混みをかき分けて道玄坂を進んでいた。金曜の夜ということもあり、研修資料の詰まった重いキャリーバックを抱えながらではまっすぐ歩くのも困難なほど、仕事を終えた大勢の社会人や学生が坂道を埋め尽くしている。

居酒屋やレストランなどの飲食店を始め、水商売や風俗店にとってはまさにこれからが稼ぎ時であり、最もにぎわう時間帯だ。しかし、これから取材で伺うホテヘル（ホテルヘルスの略。受付所で女性を選び、指定されたホテルでプレイをする形式の無店舗型性風俗店）は、この時間にはもう閉店しているという。都内屈指の繁華街の中心部にありながら、営業時間は朝一〇時三〇分から夕方五時まで。遅くとも六時には店を閉めてしまうという。繁華街には似つかわしくない健全さだ。

百軒店のストリップ劇場の脇を通り過ぎ、赤レンガの雑居ビルの狭い階段を上った先に、その店の受付所がある。風営法の規制のために店舗の名称を表す看板や表示は一切出ておらず、ドアの前に一八歳未満立ち入り禁止のマークが貼ってあるだけだ。知らない人が見たら、何をやっている事務所なのか全く分からないだろう。

「オムツはメリーズとムーニーが良いんですよ。色々試してこの二つに落ち着きました」

にこやかな笑顔でこう語るのは、育児中の女性でも保育士でもない。スキンヘッドの風俗店店長だ。とても六四歳男性の発言とは思えない。この店の待機所兼託児所には、オムツのS・M・Lサイズ、それぞれテープタイプとパンツタイプが揃えられている（左上写真）。その中には「新生児用」のオムツもある。出産後間もない女性が、新生児を抱えながら働いていているからだ。

この店は、妊娠中の女性＝「妊婦ママ」と、母乳の出る産後間もない女性＝「母乳ママ」とのプレイができることを売りにしている「妊婦・母乳専門店」だ。ホームページには、産前産後の在籍女性たちの写真が、妊娠中・授乳中であることを示す膨らんだお腹や乳房、黒々とした大きな乳輪を誇示するように、上半身裸のポーズで掲載されている。産後ケアに携わる産婦人科医や助産師、ＮＰＯ関係者が見たら、その場で卒倒しそうな光景だ。

２種類そろえられたオムツ

店長によると、妊婦ママの採用は妊娠が安定期に入った五〜六カ月から。そのため採用された女性が妊婦ママとして働けるのは正味三〜四カ月程度だ。母体の安全のために自宅待機が基本で、予約が入った時にのみ出勤する。多くの女性は臨月まで働いて、それから「産休」に入るという。初産の場合、出産が予定日から数週間前後することがあるので、直前まで働く人は少ない。しかし二人目の場合は予定日ギリギリまで働く人もいる。

出産後は、そのまま母乳ママとして職場復帰する女性が多い。復帰のタイミングについて、昔は「子どもが二カ月になったら」「首が座ったら」という女性が多かったが、今は復帰が早いという。夫の仕事が期間限定の派遣であったり、雨が降ったら中止になるような不安定な現場仕事であるため、妻が産後すぐに働かなければならないケースが少なくない。産後一カ月で悪露《おろ》が無くなったら復帰する人もいるそうだ。在籍女性の割合は、妊婦ママが二割、母乳ママが八割。

以前は寒い時期の求人応募は少なかった。生まれたばかりの子どもを冬場に外に連れ出すのは大変だからだろう。しかし今は一年中、季節を問わずに応募が来るという。動機はやはりお金だ。生活のためには、一日出勤して一本＝一人の男性客がつけばいい。それだけで一万円の稼ぎになる。週二、三回働けば、月一〇万円は稼げる。それをしっかり管理して貯めておけば、多くの場合、そう生活には困らない。月に三〇万稼いでいる女性も五、六人いるという。

出産によって受けた心身のダメージも完全に回復していない産後一～二カ月の女性が、新生児を抱えながら、週二、三回、わずか二～三時間程度の勤務（無料の託児所付）で、月に一〇万～三〇万稼げる仕事は、こうした母乳風俗店以外に存在しないだろう。

†「でき婚」の若い主婦やシングルマザー、未婚妊婦からの応募が多い

受付所にあるパソコンの画面を見せてもらった。女性からの求人応募メールが何通も届いている。いずれも、「×××@docomo.ne.jp」「×××@disney.ne.jp」「×××@i.softbank.jp」等の携帯アドレスからだ。


「三歳と一歳一〇カ月の子どもがいるシングルマザーです。生活が苦しくて困っています。私でも働くことはできるでしょうか」

「現在妊娠三カ月なのですが、働けるでしょうか？」

「帝王切開の跡があるのですが、大丈夫でしょうか」

「リストカットの痕があるのですが」

「子どもがいるのですが、待機所は集団待機ですか？」

「体験入店できますか？」


応募してくる女性には、シングルマザーをはじめ、若い時に「できちゃった結婚」をし

た女性、彼氏と別れた後で妊娠が発覚し、貯金も無くて生活費に困ってしまった女性が多いという。厚生労働省の人口動態特殊統計（二〇一〇年）によれば、一〇代で母親になる女性の八割、二〇代前半の六割が「でき婚」である。若年期での出産・育児は学業や就業の中断を伴うため、その後の女性のライフコースに不利に働き、貧困の再生産につながるという指摘がある。

取材中も、頻繁に男性客からの電話が鳴っていた。女性のシフトと利用客の予約時間帯は、一週間分のスケジュールが書きこめる予約表に、店長が手書きで書きこんでいく。大手のデリヘル店では、きちんと顧客管理システムを組んで、電話がかかってきた時点で男性客の名前や利用履歴等のデータが瞬時に分かるようにしているところもあるが、この店では紙に手書きというアナログの形で管理している。男性客の個人情報が流出することを防ぐために、そもそも客のデータは残していない。データや客層は店長が頭の中できちんと把握しているそうだ。受付所の壁には、新規の男性客から依頼があった際に口頭で伝える案内文のコピーが印刷して貼られていた。

「流産・早産を避けるため、女性の身体を強く揉む、強く吸う、お腹に負担をかける、といったプレイは禁止です」

なお、夜八時を過ぎたら電話には出ないようにしているという。そうしないと店長が休めないからだ。この店は全て店長一人で営業している。基本の営業時間は午前一一時から一七時まで。毎週月曜日を定休日にしている。

短い勤務時間、少ない接客人数

ナンバーワンの売れっ子ママの勤務時間は、午前一一時から昼二時までのわずか三時間。母乳プレイの場合、女性一人が一日で接客できる人数は、母乳量に限りがあるため二人が限界だそうだ。店全体の一日の平均客数は一〇~一五人。通常の風俗店と比べると男性客の利用時間が長く、九〇分から一二〇分コースで遊ぶ人が多いという。女性の母乳は二人目よりも一人目の客とのプレイの時に豊富に出るため、ほとんどの男性客は一人目の客になることを希望する。予約の都合上、二人目の客にならざるをえないと利用自体を断る人もいる。

妊婦・母乳専門のようなマニアックな専門店は長く営業すると強い。同業者が少ないがゆえに客離れしない。一~二年に一回程度しか使わない不定期の客も多いが、八年もやっていれば、そうした不定期の客だけでも全国に相当な人数がいる。店長は「蓄積の勝利」

と語る。

女性の平均在籍年数は、おおむね二年。妊娠中に妊婦ママとして勤務し、出産後に母乳ママとして復帰。そこから子供が二歳になるまで勤務して、合計二〜三年というところだ。中には、一人目の妊娠中から働き始め、二人目の出産後も働き続け、合計六年間勤務した女性もいたそうだ。「売れっ子だからできたことで、あくまで例外的」と店長は言う。

女性たちは母乳を多く出すための工夫を日々しているという。お餅や煎餅、納豆や豆腐などの豆類が効果的であり、レタスなどの葉菜よりも、じゃがいもやさつまいもなどの根菜が良い。白米も効果的だが、食べ過ぎると太るのが難点だそうだ。カフェインやアルコールは飲まない。個人差はあるが、オロナミンCを飲むと良く出る、という女性もいた。

一方、母乳を吸われすぎると身体がより多くの母乳をつくるようになるので、搾乳しないとおっぱいがカンカンに張って乳腺炎になってしまう。そうなると仕事を休まなければいけないので、お風呂やマッサージで血行を良くするなどの予防をしている。ママ同士のネットワークのようなものがあり、待機所兼託児所でそういった相談はしているようだ。

衛生管理のため、母乳プレイの前後に乳首の消毒を行っている女性もいる。

母乳が出なくなった後の女性たちの進路はどうなるのだろうか。二年間同じ店で継続して働けば、リピーターや常連も少なくないはずだ。母乳が出なくなっても、そのまま引き続き指名してくれる男性も多いのではないだろうか。

店長によれば、母乳の出なくなった女性のために「人妻コース」を新設して売り出そうとしたが、上手く行かなかった。一〜二カ月は、母乳が出ていた頃の常連客がそのまま指名してくれるが、三カ月は続かない。この「三か月で指名が無くなる」という傾向は、何年営業していても変わらないそうだ。男性客が求めているのはあくまで母乳であって、女性の人格そのものではない。

†どんな男性が母乳を吸いに来るのか

再び事務所の電話が鳴った。同じ電話番号から違う男性の声で電話がかかってきたという。これは怪しい。怪しい客は、店長が電話の段階で排除する。ちなみに電話に出る時は、こちらから店名は告げない。

男性客には、自衛隊員や警察官、レスキュー隊員や教師などの固い職業の人が多い。ほとんどの男性は、皆一様に優しいという。上手な遊び方をする人はマイペースでガツガツしていない。一週間前から予約している客が多く、産前産後の女性との遊び方も分かっている。

接客方法に関して、事前の講習は行わないが、店長は「まず母乳を飲ませろ」と女性に指導している。男性客は皆母乳を飲みたくて来店するのだから、抜く（＝射精させる）のは、あくまで母乳を飲ませた後、添い寝をしながら母乳を吸わせる「添い乳」をすると、多くの男性は飲みながら勃起するという。そのまま抜かないで一時間飲み続けるだけの人もいれば、女性の身体に触らず自分でしごく人もいる。ＡＶの影響なのか、母乳を顔や身体にかけてほしいと希望する人もいるという。「母乳を飲みたくても妻に言えない」という子持ちの既婚男性の客もいる。母乳の吸い方にはコツがあり、乳首が大きすぎてうまく吸えない、などのトラブルも稀にあるそうだ。ちなみに店長自身は「飲んだことがない（笑）」。

男性客の中で、妊婦ママとも母乳ママとも遊べる「両刀使い」は、全体の二割ほど。妊婦マニアと母乳マニアの客層は、意外にも重ならないようだ。

妊婦目当ての男性客は、膨らんだお腹を触るだけ、写真を撮るだけの優しい人が多く、母体に乱暴なことをするような人はまずいないとのこと。妊婦の裸体特有の曲線美を愛でたい、という欲求を持つ人もいる。プレイは、男性客に膝枕をしてお腹を触らせながら、女性の手で射精に導く、という流れが多いそうだ。「一般の風俗に飽きたから、という理由で母乳専門店に来る人もいます」と店長は語る。ちなみに昔に比べると、今の男性客は女性そのものよりも、その女性が持っている身体的特徴（巨乳、パイパンなど）や社会的属性（女子高生、人妻など）といった記号のみを追いかけるようになっているという。

昔は売れっ子を指名したがる客も多く、店側も「売れっ子なので、お勧めですよ」というセールストークをすることができたが、今はできないという。女性が売れっ子かどうかよりも、自分好みの記号を持っているかどうかを重視する客が多いからだ。

†待機所兼託児所の風景

受付所から待機所兼託児所のあるマンションまでは、徒歩一分。いつでも駆けつけることができる。店長のご厚意で、実際に室内を見学させてもらった。このマンションは、円山町の中心部という場所柄のせいもあって、入居者の大半は風俗業界の関係者。デリヘルやホテヘルの待機所も多いそうだ。マンションのフロントからエレベーターに乗るまでのわずかな間にも、それっぽい格好・言動の男女と何人もすれ違った。店長自身もこのマンションに住んでいるという。

このワンルームの室内で、多い時は七、八人の女性とその子どもたちが待機している。隣の部屋と合わせて二部屋を待機所兼託児所用として借りており、子どもの数が多い時は年齢別に分けることもあるという。

ベビーシッターは、二〇代の女性を三人雇っている。給与は、時給一〇〇〇円＋交通費。シッターには、かつて妊婦ママとして店で働いていた女性もいるそうだ。毎日二人出勤してもらい、一人につき二人の子どもの面倒を見ている。女性の出勤が増えてシッターの手だけでは足りなくなった場合は、待機している他の女性の手を借りることもある。

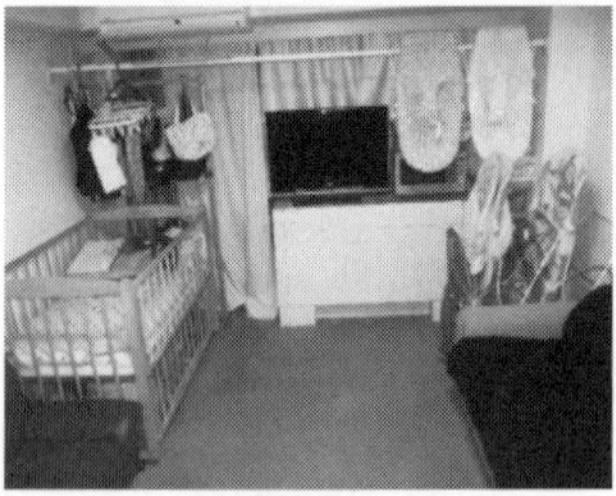

待機所兼託児所の風景

シッター代（託児費用）として、接客一名（一本）につき五〇〇〇円が女性の売上から天引きされるが、客が一人もつかなかった場合は無料になる。オムツや粉ミルク、おしりふきや母乳パッド、綿棒やガーゼ、さく乳カップや水などの備品も全て無料。待機児童や保育園探し＝「保活」が社会問題化している東京都の現状を考えると、価格の面でも利便性の面でも、ありえないほど良心的な環境だ。

左）粉ミルク、除菌ティッシュ、水などの備品。
右）ウイルスや菌を除去するためのクレベリンゲル

「オムツなどの備品は、全てアカチャンホンポのネット通販で一括購入しています。オムツ専用のゴミ箱は、本体よりも袋が高いんですよね！」という発言は、やはり六四歳の風俗店店長とは思えない。乳児用の椅子であるバウンサーは、働く女性たちがネットオークションにて割安の中古で購入してくれたものを利用している。部屋の床には、安全のためコルクタイルを敷いている。

前述の通り、ラックにはメリーズとムーニーのオムツ各種サイズと、「水分九九％のおしりふき」のストックが揃っている。冷蔵庫の中には、ミルクや離乳食を作るために使う「赤ちゃんと家族のやさしい水」の二リットルボトルが大量にストックしてあった。取材当時、私も生後五カ月の次男の育児の最中だったのだが、自宅で使っている物と全く同じメーカーの哺乳瓶消毒器具を見つけて複雑な気分になった。まさか渋谷円山町のど真ん中で、こんなものを見るとは。

ワンルームの玄関では複数のベビーカーを置けるだけのスペースが無いため、ユニットバスの部屋を丸ごと潰して、そこにベビーカーを折りたたんで収納している。車輪で床が汚れるのを防ぐために、玄関にはビニールシートを敷いている。渋谷の町は階段や地下通路、坂道が多く、ベビーカーでは移動しにくい。それでもママたちは人混みと段差の中を巧みに運転して、この道玄坂の上までやってくるそうだ。

夕方には店が閉まるので、夜は室内に誰もいなくなる。ただ夫とケンカしたなどの理由で、ここに泊まる女性もいるそうだ。以前は北海道からの出稼ぎ女性が泊まり込むこともあったが、妊婦の間の短い時期しか働けないので、今は採用していない。

衛生管理の面ではノロウイルス対策を徹底して行っている。以前は子どものおもちゃとしてぬいぐるみを使っていたが、子どもが口に含む、洗っても汚れが落ちないなど衛生的に問題があったため、プラスティック製のおもちゃに変更して毎日消毒するようにした。これによってノロウイルスや風邪の発生頻度が大幅に減少したという。

ウイルス以外の衛生面での問題は、女性の喫煙だ。産前産後にもかかわらずタバコを吸う女性が少なくない。母親がタバコを吸うと子どもが小児ぜんそくや気管支炎になりやすくなる。室内は全面禁煙にしているが、外で吸っている人もいる。喫煙しているママが、自分以外の子どもに母乳を与えようとした際、その子のママから「タバコの入った母乳を飲ませないで」と怒られたこともあったそうだ。ちなみにタバコを吸っている女性の母乳と吸っていない女性の母乳の味の違いは、分かる男性客には分かるらしい。

待機所兼託児所ではママ同士のトラブルも起こることがある。以前、ネットで炎上事件が起こった。在籍していた女性が、ネット上の掲示板に「自分の子だけ、シッターに差別されている」「きちんとみてもらえない」「店長の管理が悪い」と批判を書きこんだ。しかし他のママたちが「そんなことはない」「だったら子どもを連れてくるな」と店を擁護する側に回り、無事に鎮火。働くママ友同士の連帯感のようなものはあるらしい。ママ友の紹介で入店する女性もいる。

「女性の出勤率は、託児所の環境に比例する」と店長は語る。環境が良いと出勤率も上がるという。昔は、多くの女性が出勤する日は（指名が回ってこないから）休むという女性が多かったが、今は予約が入っていなくても出勤する女性が多いという。待機所兼託児所にいればオムツなどの備品も無料で使えるし、他のママと話をすることで育児ノイローゼになることも防げる。運が良ければ一人は客がつくこともあるので、自宅で何もしないでいるよりは確かに良いかもしれない。もちろん、「お茶をひく」＝客が一人もつかずに、交通費の分だけマイナスになって徒労に終わることもあるが。

†店長の個人史

店長はスキンヘッドに黒いコートという厳つい見た目とは裏腹に、とても愛想のよい男性だった。出身は福島県。元々は飲食の世界にいたのだが、そこから風俗に流れてきた。離婚するまでは妻しか女性を知らなかったという。風俗で遊ぶようになったのは四〇を過ぎてから。客側として、運営側として、この世界には一〇年以上関わっている。そのため客の気持ちも女性の気持ちもよく分かる。

最初は韓国式あかすり店で働いていた。その店では、韓国語を話せる中国人の多い地域（中国吉林省の延辺朝鮮族自治州）から留学生として来日した中国人女性を「韓国人」と偽って働かせていた。こういうケースはこの世界ではよくあることだ（詳細は『日本人が知らない韓国人売春婦の真実』（中村淳彦：宝島社）を参照）。

元々韓国語がよく分からなかったのと、女性を集める役割を担っていた韓国人の女性とケンカしてしまったことが重なってその店を辞めた後、中国人女性を使った本番店で働くようになった。言うまでもなく、外国人を使った本番店は二重に違法な営業になるので、警察による摘発を避けるため、三カ月以上同じ店で働くことは無かった。埼玉や松戸などを転々とし、流れ流れて渋谷の円山町にたどり着いた。渋谷に来た頃は、現在の妊婦・母乳専門店以外の店にもかけもちで運営に携わっていたが、いずれも潰れてしまい、今はこの店一本で働いている。

現在の店は、以前池袋にあった母乳専門店が廃業した際、そこで働いていた女性をそのまま渋谷に移籍させる形で開店したため、立ち上がりはスムーズに行った。「母乳専門店はゼロから立ちあげると四年かかる」という。確かに母乳の出る女性や母乳マニアの男性をゼロから集めるのは至難の業だろう。

二〇〇〇年代の初頭まで、円山町は店舗型風俗店が密集しているエリアだった。「裏箱」や「モグリ箱」と呼ばれていたこれらの店は、厳密には無届営業の違法店だったが、警察には黙認されていた。店長によれば、こうしたモグリ箱が全盛の頃の円山町は深夜から始発まで客が絶えることなく路面に溢れていたそうだ。当時は団体での利用客が多かったため、会社の仲間と酒を飲んでからキャバクラに行き、その勢いで風俗という流れがあった。先輩が「女を教えてやる！」と言って後輩を風俗に連行する、体育会系のノリが残っていた時代だ。

しかし地域の浄化を求める住民らの声に応える形で二〇〇四年に行われた「浄化作戦」＝大規模かつ徹底的な摘発により、東京都内で無届営業していた店舗型風俗店のほとんどが壊滅。円山町のモグリ箱も全て潰されてしまった。現在、円山町の店舗型風俗店は片手で数えるほどしか残っていない。風俗客がメインだったラブホテルも客が消えて大打撃を被った。店舗型風俗店の多くは、受付所のみを残したホテヘル、もしくは無店舗型のデリヘルへと移行した。

「昔の風俗は、若い女性も人妻も、デブも細身も、みんな同じ店で働いていた」と店長は語る。今は店舗や業態が細分化して、デブ専門・貧乳専門・タトゥー専門・ブス専門などに分かれている。こうした細分化は、女性側としては働きやすくなるが、店舗側としては小規模にならざるを得ない。

かつては「マチの客」＝一つの街を愛し、その街で飲んで遊ぶ男性が多かったが、今は「フェチの客」＝特定のフェチ的な記号のみを追い求め、街そのものの風情や店舗には無関心な男性が多いのかもしれない。

モグリ箱全盛期の頃は、稼いだお金をホストにつぎ込んでしまう女性が多かったが、今の店にはそうした女性はいないそうだ。「今の店が、一番女性の質が良いんです」。若い子は平気で無断欠勤するが、母親の女性は真面目できちんと連絡がつく。仕事に対する考え方も違う。

女性は働き始めると一カ月で顔が変わるという。人相が悪くなるのではなく、笑顔が増えるのだそうだ。面接の時には生活苦で切羽詰まった表情をしているが、お金に余裕ができて子どもと過ごす時間が増えると、心の余裕が生まれ微笑みも増えるという。お金に勝る精神安定剤は無い。店で働く女性の夫婦仲は、意外にも円満だという。お金に余裕があれば、旦那の稼ぎが少なかったり、育児や家事に非協力的であっても、家の中ではイライラしなくて済む。

店長としては、将来を見据えて「生活のために」ではなく「子どものために」お金を貯めてほしいと考えている。稼いだお金が全部生活費に消えてしまうのは精神的にも良くない。母乳を売ることに罪悪感を覚える女性に対しては、「母乳を売っているから、お金をもらえるんだよ」と諭す。冗談半分で「お客さんに飲ませるのだから、子どもには飲ませるなよ！」ということもある。内心では「お金が貯まったら、こんな仕事はとっととやめちまえ！（笑）」と思っているそうだ。

†皆が売らないものを売る仕事

ここまで、知られざる妊婦・母乳専門店の現場を紹介してきた。世間の常識に照らし合わせれば、「妊娠中に夫以外の男性と性交類似行為をする」「自らの母乳を子ども以外の男性に与えてお金を稼ぐ」という振る舞いは非常識そのものである。ただでさえ産前産後の女性に対する扱いが社会的かつ感情的な議論になりやすい昨今、ネットニュースの記事にでもなれば大炎上間違いなしだろう。

しかし前述の通り、新生児を抱えた産後一～二カ月の女性が、週二回、わずか二時間程度の勤務（無料の託児所付）で月に一〇万～三〇万稼げる仕事は今の社会には存在しない。こうした妊婦・母乳風俗店の存在によって救われる人や助かる生活があることは、まぎれもない事実だ。こうした店を否定したいのであれば、同じ条件の仕事を用意するか、未婚妊婦や若年シングルマザーへの現金給付や社会的支援を手厚くする必要があるが、いずれも短期的には実現不可能だろう。

夜の世界の経済は、昼の世界の人たちが働こうとしない場所や時間帯に働くこと（働かせること）、売ろうとしないものを売ること（売らせること）、買おうとしないものを買うこと（買わせること）で成り立っている側面がある。「それを売ってしまったら（売っていたことが知られたら）、後の社会生活に悪影響が出る」「身体的・精神的・社会的に取り返しのつかないダメージを負うリスクがある」「将来の健康や社会的信用を目先の現金に換える」側面のある仕事であるからこそ、昼の世界では考えられない短時間・高時給でお金を稼ぐことができるのだ。

妊婦・母乳風俗店は、産前産後という女性のライフコースにおいて最も働きにくく・稼ぎにくい期間を、最も働きやすい・稼げる期間に転換できる、魔法のような職場だ。普通の妊婦が夫以外の男性の前で裸にならないからこそ、短時間で高収入を稼ぐことができる。普通の母親が売らない母乳を売るからこそ、一七時前には仕事を終わらせて、子どもと一緒に夕食を取ることができる。金銭的・時間的に困窮している未婚妊婦やシングルマザーにとっては、この「夜の世界のワークライフバランス」を実現してくれる仕事こそが、唯一の福音になり得る。

†「夜の世界のワークライフバランス」を実現できる女性の割合は？

それでは、こうした「夜のワークライフバランス」は、多くの女性にとって実現可能なものなのだろうか。これまで紹介してきた妊婦・母乳風俗店の事例を見れば、「YES」と言いたくなるかもしれない。生活に困った時も、女性は風俗に行きさえすれば稼げるじゃないか、と思われた読者も多いだろう。

しかし残念ながら、答えは明確に「NO」である。なぜか。その理由は二つある。

一つ目は、面接の採用率だ。前述の通り、妊婦・母乳風俗店には求人応募のメールが大量に送られてくる。こうした女性が全員採用されて働くことができるのであればよいが、店長によれば採用率は「一〇人中、一、二人程度」だそうだ。すなわち、八〜九割の女性は面接の時点で落とされる。

妊婦・母乳風俗店で働ける女性は、実はごく一部の「エリート」のみである。まず大前提として、商品価値のある容姿が求められる。店のホームページを見ると、在籍女性は皆かなりの美人揃いだ。それに加えて遅刻や欠勤をしない真面目な性格、仕事に対するポジティブな姿勢も求められる。

ちなみにこの店では、他店との掛け持ちをNGにしているという。「掛け持ちしている女性が働いている店」というイメージが広まると店の品格やプライドに傷がつくからだ。同業の専門店の数自体が少ないので、女性が掛け持ちしていた場合、ホームページに記載している写真の乳首の形やお腹の形で、すぐに男性客にバレてしまうという。掛け持ちをしなくても稼げるのは、当然優秀な女性に限られる。

「NO」である理由の二つ目は、応募女性の風俗経験率だ。妊婦・母乳風俗店に応募してくる女性のうち、風俗未経験者の割合はどのくらいだと思われるだろうか。仮に応募女性の大半が未経験者であれば、「未経験者でもできる仕事」になるため、誰にでもできる可能性はある。

しかし店長によれば、応募女性の中で完全な未経験者はほぼゼロだそうだ。経験期間の長短の差はあれ、ほぼ全員がデリヘルなど何らかの形での風俗店勤務を経験している。

今日、「風俗で働ける（働いて稼げる）こと」「働いた経験があること」は、誤解を恐れずに言えば、それだけで「資格」や「資産」になりうる。当然と言えば当然の話だが、誰もが風俗で働けるわけではない。本人の意志だけでなく年齢や容姿などの条件もあるため、働きたくても働けない女性も大勢存在する。

つまり正確に言えば、妊婦・母乳風俗店は、「過去に風俗経験のある女性向けの好待遇の再就職先」にすぎない。かつて風俗の世界でそれなりのお金を稼ぐことのできた女性が、妊娠・出産で経済的に窮地に陥ったために「昔取った杵柄」を再び使わざるを得なくなった……という認識が正しいだろう。

こうした妊婦・母乳風俗店の現場を見ればお分かりの通り、風俗で働くことで「夜の世界のワークライフバランス」を実現できる女性は、実は多数派ではない。

そう考えると、真に問題化されるべきは、風俗で働く女性たちではなく、風俗で働けない女性たち＝面接の時点で不採用になる、あるいは面接にすらたどり着けない女性たちではないだろうか。

次章では、こうした女性たちが漂流の果てにたどり着く「激安風俗店」の世界に焦点を当てる。他店で不採用になった女性たち、売れるものが何もなくなってしまった女性たちの集う激安風俗店では、一体何が売られているのだろうか。

証言 「kaku-butsu　SOD覆面調査団　風俗ランキング」の野望

近年風俗ユーザーの間で話題を集めている「kaku-butsu　SOD覆面調査団　風俗ランキング」というサイトがある。一風変わったサイト名は、「格物致知（＝知を致《きわ》むるは物を格《ただ》すにあり）」という中国古典の格言に由来する。「分類によって物事の本質を究めること」という意味だ。

その名の通り、kaku-butsuでは、覆面調査団によるレポートに基づくランキングによって、風俗店とそこで働く女性を徹底的に分類・格付けしている。kaku-butsuが既存の風俗情報サイトとは大きく異なる点は、広告料を支払った店舗のみをサイトやランキングに掲載するのではなく、団員が実際に調査した店舗、ユーザーによる評価の高かった店舗を掲載しているところにある。ユーザー目線に立った「真の優良店選びのための風俗データベース」を目指している。

ランキングは、各調査団員が実際に体験した「女性評価」をベースに、店舗のスタッフ対応、ＨＰデザインなどの「店舗評価」を合わせた店舗の総合ＣＰ値（コストパフォーマンスを加味した評価点）で決定される。レポートの数や鮮度も評価に反映され、古いレポートや退店した女性のレポートをいつまでも残している店舗は、時間が経つにつれ評価が下がっていく仕組みになっている。つまりＣＰ値が高い店舗ほど、「今、失敗せずに安心して遊べる店」ということになる。なお評価の軸となる調査団員自身も、ユーザーからの評価を受ける立場にある。

ユーザー向けには「風俗属性診断テスト」が用意されており、二四種類の性癖のうちからユーザーのタイプが自動解析され、自分と同じ性癖の団員のレポートを参照することができる。

膨大な情報量とコスパへの徹底的なこだわり

kaku-butsu のレポートの売りは、情報量の圧倒的な多さだ。これまでの風俗情報誌や夕刊紙の表面的かつ形式的な体験ルポや、店側に都合の良いことしか書かない提灯記事とは一線を画し、紙面や掲載分量に制約の無いネット媒体という特性を最大限に活かして、一〇〇名を超える各調査団員の個性と情熱溢れる文章が、一本のレポートにつき一〇〇〇〜六〇〇〇〇字超のボリュームで掲載されている。

まず、女性のルックス、スタイル、接客姿勢、雰囲気作り、テクニックといった基本事項は、二〇段階（二〇点中〇点という表記）で細かく評価されている。各々の項目に関して、調査団員の主観に基づくコメントが付加される。

例えば、ルックスに関しては「タヌキ顔系とネコ顔系が混じったような美人」「猫属性を付加された女子アナの皆〇愛子似ＯＬ」「メリハリの無い綾波レイ系ボディ」といったように、女性の顔立ちから瞳の色合い、口角のタイプまでもが微細にわたって記述されている。なお女性のプライバシー保護のために、「リストカットの痕があることは書かない」「タトゥーの有無は書くが、サイズや絵柄までは書かない」というルールがあるそうだ。

テクニックに関しても、「恋人感満載の接客とプロ的な進行の両立に感動」「ローリング音立て舌フル回転フェラを受けると、もう頭は真っ白で失神しそう」「抜群のホスピタリティで、噂通りのコンシェルジュ対応」など、臨場感の溢れる具体的な記述が並ぶ。

もちろんプラス面だけでなく、マイナス面の情報も併記されている。「ディープキスがもう少し積極的だと良い」「キスがタバコ臭い」といった初歩的な注文から、「もう少しくびれを絞れば、巨乳がさらに強調されてグラドル度UPなはず」「風俗は見た目だけで勝負できるほど甘くない世界だと早く気づかせてあげたい」といったおせっかいとも取れるコメントが書かれている。

また「ルックスが店舗の紹介文に負けている」「経験の少ない男性には、作業感が気になるはず」「アンダーヘアの処理が無造作で剛毛」「テクニックの足りなさが雰囲気でもカバーできないレベル」「気持ちの入らないキスが終始続くだけの流れ作業」などといったクレームも容赦なく書かれている。

この時点でドン引きするのはまだ早い。女性の乳房や性器に関する記述や評価には、さらに熱が入っている。「乳首も乳輪もピンク色でとても綺麗」「おっぱいはそんなに大きくはないが、可愛らしい膨らみ具合」「目測でアンダー65のDカップだが、くびれの影響で大きく見えるだけで、おっぱい自体にボリュームは無い」「乳首〜おっぱい全体に、薄い産毛がナチュラルに生えているのが良い」などなど、生身の女体を見て・触れている調査団員の興奮や感動、息遣いが伝わってくるようだ。

一方で、ただ感情に流されるままに書いているわけではなく、「お尻がちょっとだけ肌荒れして赤くなっている部分があるので、ルックスはマイナス一点」「接客態度に、やや心の壁を感じさせる部分がある」「洗体時の密着度が足りない」といったように、プレイを楽しみつつも、女性の身体や仕草の隅々を冷静にチェックしていることが窺える。

女性からしてみれば、自分の顔の各パーツに対する細かい評価だけでなく、唇の感触、乳輪のサイズや乳首の色素沈着具合、アンダーヘアの濃淡や処理具合、性器周辺の色合いや匂いの有無、小陰唇の形状とサイズ、愛液の分量や粘り気と透明度合、肌の質感から肌荒れの箇所までをもれなく採点・格付けされた上で、ネット上に公表されるわけだ。ネット社会の現在、これが風俗で働く上で避けられない代償の一つになっている。

†可視化によって情報の非対称性を解消

kaku-butsuは、悪質な風俗店の撲滅を促すことで、風俗業界の健全化・活性化に働きかけ「エロによる社会貢献をしよう！」という志の元にスタートしたという。kaku-butsuの目指す「風俗の健全化」「エロによる社会貢献」とは、一体どのようなものなのだろうか。東京・中野にあるＳＯＤ本社にて、担当の金丸伸吾さんに詳しいお話を伺った。

「kaku-butsuの登場により明らかに良くなったのは、店の電話対応です。現在はランキングの上位に食い込んでいるような店ですら、以前は店の名前すら名乗らないなど、電話対応は良くなかった。今では大抵の店が『お電話ありがとうございました。○○（店名）の□□（担当者名）と申します』と、きちんとした対応をするようになりました。

また、調査団員の書いたレポートを『こういう風に書かれているけど、どう思う？』と女性に見せている店舗もあります。そうすると、レポートの内容に怒って辞めてしまう女性と、反省点や課題を見出して次につなげていく女性に分かれる。そこで淘汰が起こります。

調査団員には、『女性の目の前で音読できるようなレポートを書け』と指示しています。男性ユーザーだけでなく、女性にとっても良いレポートであることが求められているんですね。

きちんとした店が一つあれば、風俗店自体の数は決して多くなくてもいい。例えば、素人専門店や人妻専門店が同じ地域にいくつもある必要は無い。それぞれのコンセプトを掲げた優良店が一つあり、そこに多くの女性が在籍する形で十分です」

kaku-butsu の意義は、風俗の世界を市場原理とユーザー目線を軸にして可視化することで、店舗と男性客の間に存在していた情報の非対称性を解消したことにある。店舗からの広告収入に依存せず、ユーザー目線に立った情報を発信することができれば、確かに露骨なパネルマジック（通称「パネマジ」。女性の紹介写真を加工・修正し、実物より美しくみせる行為）や悪質な店舗、サービス地雷（ルックスは良いがサービスが悪い女性）は駆逐される。

将来的には店舗のランキングを女性の求人情報と連動させて、たくさん客が入っている店を可視化することも考えているそうだ。つまり店舗と女性の間にある情報の非対称性を無くすわけだ。店側からすれば不利益になるかもしれないが、応募する女性から見れば、どこの店が本当に稼げるのかを客観的な視点から一目で理解できるメリットは大きい。

その意味では、可視化による情報の非対称性の解消を目指すkaku-butsuは、単なる詭弁や単なる綺麗ごとではなく、業界の健全化に貢献していると言えるだろう。

†市場が縮小すること自体は悪ではない

サイト上のランキングやレポートは、スマホやパソコンからいつでも・どこでも・誰でも無料で読めるので、コンビニや書店で恥ずかしい思いをして風俗情報誌を買ったり、勇気を出して繁華街の怪しげな風俗案内所に足を運ぶ必要は無くなる。

ただ、これまでの章で見てきた通り、風俗の世界は情報の非対称性があるがゆえに働ける・稼げる・楽しめるという側面があるのは、否定できない事実だ。情報の非対称性を解消してしまうことは、市場の縮小、場合によっては市場そのものの破壊につながるのではないだろうか。

金丸「SOD社主の高橋がなりからは『常に五年先、一〇年先を考えろ』と言われています。現在、デリヘルは全国に一万数千ありますが、悪質店の淘汰と優良店の選別が進めば、一〇年後には現在の半分、あるいはそれ以下に縮小するかもしれない。しかし数の縮小は業界の縮小ではないので、縮小すること自体は悪ではないと思います。縮小した結果、きちんとした優良店が残ればＯＫ。むしろ、悪質店による安売りや営業マナーの悪さによって被害を受けてきたのは優良店です。

現在、厳選した一部の優良店とアライアンスを組んで、有料のプレミアム会員に対して、完全無料券の進呈や調査レポートの先行公開など、特別なサービスを提供する試みを行っています。風俗情報サイトがユーザー側に課金する、というのは前代未聞ですが、会員の定員は既に埋まっています。将来的には、kaku-butsu が優良店を認定・格付けする格付け会社のような立ち位置になれればと考えています」

風俗の世界の問題点は、法律上の遵守事項（営業適正化のためのルール）と欠格事由（問題のある人の参入を防ぐための条件）が無いことだ。

クラブやキャバレー等の風俗営業は「許可制」であり、申請者や法人役員に欠格事由に該当する人（暴力行為の常習や薬物中毒、過去に違反歴がある人など）がいる場合は営業の許可が下りない。法律上の遵守事項も定められている。

しかしデリヘル等の性風俗関連特殊営業は「届出制」であり、行政に届出を出せば誰でも営業を開始することができる。すなわち欠格事由が無いため、暴力団関係者であっても、薬物中毒者であっても、過去に犯罪歴のある人でも、届出さえすれば風俗店の営業を開始できる。法律上の遵守事項も無いため、衛生管理やモラルに欠けたサービスが横行している。性風俗関連特殊営業に法律上の遵守事項と欠格事由が存在しない理由は、行政にとって風俗産業という存在自体が、「本質的にいかがわしいもの」「誰がどのように営んでも不健全になることをまぬがれないもの」と考えられているからだ。

ゆえに kaku-butsu のようなメディアがユーザー目線と市場原理に基づいてこの世界を可視化し、情報の非対称性を解消した上で優良店の認定・格付けを行うプラットフォームになり、かつそれが店舗の社会的信頼を担保するものになれば、事実上の「遵守事項」「欠格事由」の構築・普及は可能だ。それに伴う業界の健全化も実現可能だろう。

†今後の課題は、男性ユーザーの教育

レポートの中で、調査団員が女性の接客態度を批判する上で「サービスが単調で、

しゃべるダッチワイフのようだ」という表現をしていたが、どれだけ美人であっても、男性客に一緒の時間を過ごしたいと思わせるようなサービスを提供できない限り、指名は取れない。

裏を返せば、男性客側も「時間とサービスを買っている」という意識を持たない限り、風俗を健全に楽しむことはできない。

しかし、恋愛やセックスで傷つくことを恐れる男子、無駄な労力や費用を費やしたくない男子は、どうしても表面的な尺度や数字に基づくコスパのみを判断基準にして女性を格付け・評価してしまいがちだ。それに対して、先の金丸さんは次のように話す。

「男性ユーザーの教育は今後の課題です。受け身や一方通行のコミュニケーションではなく、いかにして女性を喜ばせて、その子の魅力を引き出すかを男性ユーザー側が考える必要がある。

レポートでは、スペック中毒の客のニーズには合わせないようにしています。つまり、女性の学歴や職業は記載していません。もちろん女性のプライバシーの保護という意味もありますが、大切なのは『本人がどのような子で、どのような魅力があるか』ということであり、『どの学校に通っているか』『何の仕事をしているか』といった記号的価値ではないからです。六〇分間一緒に遊ぶ中で必要な情報があればそれでいい。風俗の世界では、『何歳なのか』よりも『何歳に見えるか』が重要なのですから。

男性ユーザーに対して、記号や本番の有無にこだわるよりも楽しい遊び方がありますよ、遊び方を学んだ方が得をしますよ、ということをメディアが教えていく必要があります。スター性のある女性の力を借りて、啓蒙してもらうことも有効かもしれません。過激なサービスによる刺激を求めていく方向には、未来が無いですから」

†新たなヒロインを作り出せ

金丸「かつての吉原のように、サービス料金が一回一〇〇万円という女性がいてもいいと思います。一人の女性が相手をすることができる男性客の数は限られているので、女性に稼いでもらうためには単価を上げるしかない。今は年齢やルックスなど、女性が元々持っている素材の価値で価格が決まる側面が強いですが、それ以外の付加価値で価格を上げていく必要がある。

もちろん、一部のデートクラブのように裏で女性に本番をさせることで価格を上げるというグレーな方法ではなく、風俗という枠内でサービスの質やブランド価値を高めることによって、です。

ただ残念ながら、多くの店ではそこまでは実現できていない。店のコンセプトに合わせた女性の『仕入れ』＝募集・採用だけで、きちんとした講習や教育を行うことは、現在のデリヘルでは素人全盛ゆえに難しくなっている。昔は店にお客がついていたのですが、今は女性個人にお客がついており、女性が他の店に移籍すると客もその店に移ってしまう。店の役割や教育能力が低下している。

女性が風俗で働くことのハードルは年々下がっていますが、この世界に入ってきて何も得るものが無いまま卒業していく、というのはもったいない。せめて、女性が少しでも成長できるよう、『女子力』を磨く場、働くことで何かを得られる『女性が進化する場』にしていきたい。そうなれば、お店にとってもお客にとってもメリットがある。自分たちはそのための羅針盤でありたいと考えています」

確かに、業界の健全化を目指しながら客単価を上げていくためには、本番などの違法・過激なサービスに頼らず、正攻法で女性のサービスの質やブランド価値を高めていく方法しかない。しかし、それはコスパを評価軸の中心に置いている現在のkaku-butsuのスタンスと矛盾しないのだろうか。ブランド価値の追求とコスパの追求は、両立しえないのではないだろうか。

金丸「確かにその通りですが、現時点で一般大衆に伝わる唯一の物差しは、コスパ、すなわち金額しかないんです。

ブランド価値のある女性、スター性のある女性は、業界で作っていくものだと思います。例えば、『トップAV女優が教える、彼氏を喜ばせるセックステクニック』のような記事は、普通にメディア上で読まれている。一般女性にとってAV女優はもはや特別な存在ではない。風俗で働く女性も、同じようなポジション、一般社会とつながることで自らのスター性やブランド価値を上げていけるような立ち位置を取れるはずです。それを実現していくのが、私たちメディアの仕事だと考えています。

kaku-butsuはまだまだ新参者なので、業界全体を巻き込み切れていない部分はあります。ＰＶを増やしていくことでメディアや広告媒体としてのポテンシャルを上げていきたいのですが、そのためには同業他社のパイを奪うだけではなく、業界の外部の人をいかに巻き込むかが重要になってくる。

風俗は即物的な世界で、中で行われている行為がストレートすぎるため、表社会のメディアではコンテンツになりにくい。そもそも業界内部の人たちからも、表社会でコンテンツ化することはあまり求められていない。ただ、ＳＯＤ社主の高橋がなりはＡＶを表社会につなげてコンテンツ化することによって成功したので、そこはＳＯＤのＤＮＡとして私たちが引き継いでいきたいと考えています」

金丸さんが語る通り、風俗は一般社会とはつながりにくい存在だ。しかし、表社会とつながって、表社会の市場原理やユーザー目線を導入していく以外に、デフレ化で苦しんでいるこの業界が今後生き残っていくための道は無いだろう。たとえ、それに伴う副作用があったとしても、だ。

第三章
「風俗の墓場」激安店が成り立つカラクリ

二〇一五年一月、真理子さん（三三歳）は、秋葉原のネットカフェの個室にいた。その時、個室のドアをコンコンと叩く音が聞こえた。店員かと思ってドアを開けると、そこにいたのは警察官だった。

驚いた真理子さんは、「何の用事ですか？」と尋ねた。「話を聞きたい」と言われて、そのまま警察署に行くことになった。その後、彼女は約七時間にわたって参考人として事情聴取をされた。

真理子さんは、三〇分三九〇〇円という破格の値段を売りにする国内最大級のデリヘル「サンキューグループ」で働いていた。サンキューグループは池袋に総本店を置き、約四年前から直営店やフランチャイズ店を積極的に全国展開していた、いわゆる激安風俗店である。北海道から九州まで、推定で三〇〇〇人近い女性が在籍していたとされる。グループ自体は一〇年以上前から存在しており、業界の中では良くも悪くも目立つ存在だった。健全に営業している店からみれば、市場の健全な発展を阻害するダンピング（不当廉売）を仕掛けてくる「目の上のたんこぶ」的なグループだったようだ。

二〇一五年一月二〇日、警視庁保安課らは、サンキューグループの代表者や従業員ら合計二一人を、売春防止法違反（周旋）容疑で逮捕した。全国展開のデリヘルグループが一斉摘発された事件は、これが初めてだ。

今回の事件は、グループの代表者らが二〇一四年五月から一〇月までの間、池袋などの計六カ所の店舗で女性従業員七人に売春させたことが逮捕容疑になっている。「過激な性サービスを強要された」といった元在籍女性らの情報提供で、管理売春の事実が発覚したようだ。サンキューグループは、直営店の売り上げやフランチャイズ料を含めて年間四億円の収入があったという。薄利多売のビジネスモデルで利益率が低い分を、同じく薄利多売していたフランチャイズの加盟料等で埋め合わせようとしていたと考えられる。

約七時間にわたる警察署での事情聴取の中で、取り調べ担当者は真理子さんに対して

「お客さんに聞いたんですけど、本番したでしょ?」と繰り返し詰問してきた。しかし、真理子さんはオーナーを守るため、決して「はい」とは言わなかったそうだ。真理子さんにとって、サンキューは稼げる場所だった。「人気嬢」だった彼女には常時男性客がつきっぱなしで、一日四、五人の相手をしていたという。指名数に合わせて、売り上げにおけるバック率(=女性の取り分)も増やしてもらっていた。そうした恩義があったため、オーナーを警察に売るわけにはいかなかったという。

†コストカットのため、女性はネットカフェで待機

風俗店の起業経営コンサルタントやプロデュースを行っている風俗プレナーの大崎柳也さんは、「三〇分三九〇〇円の価格では、そもそも経営が成り立たない。成り立たないがゆえの無理な営業によってひずみが生じ、それが今回の摘発にもつながったのでは」と語る。三九〇〇円の中で、いわゆる「店落ち」と呼ばれる店側の取り分は一四〇〇円、女性の取り分は二五〇〇円。この少ない売上げの中で経費を削減すべく、コストカットの試みが様々な面で行われていた。

前述の通り、通常のデリヘルではまず女性を待機所に集めて、そこから男性客の依頼を

受けてホテル等に派遣する形をとっているが、サンキューは主にネットカフェやマンガ喫茶で女性を待機させていたという。真理子さんが警察と接触した場所が店舗の待機所ではなくネットカフェだった背景には、こうした理由がある。大崎さんによれば、都心のデリヘル店は大半が自宅やネットカフェで女性を待機させているそうだ。場合によっては送迎に使う車中で待機するケースもある。自店舗で待機所を設けることができるのはごく一部の大手グループや資本力のある店舗に限られるという。なおネットカフェの代金は、店持ち、折半、全額女性負担など店舗によって異なるそうだ。

確かに待機所を設けずに繁華街のネットカフェで女性を待機させる形にすれば、家賃等のコストは大幅にカットできるだろう。女性がネットカフェから直接駅前やホテルに向かい、そこで男性客と待ち合わせる形式にすれば、デリヘル経営上のネックである派遣コスト（車代やガソリン代、ドライバーの人件費など）もかからない。

しかし、これは諸刃の剣だ。女性が事務所に来なくなり、男性従業員と顔を合わせる機会も少なくなれば、女性の管理は事実上不可能になる。これは、男性客のクレーム対応や女性の教育、そして一番重要な女性の心身のケアやフォローアップといったマネジメントができなくなることを意味する。

「風俗店に限らず、キャバクラなどの女性を扱うビジネスは経営者や店側が働く女性としっかりコミュニケーションをとる必要があるが、情報を聞く限りサンキューは明らかにとれていない」と大崎さんは語る。

†過激なサービスを無料オプションとして提供する「風俗の墓場」

またサンキューでは激安店であるにもかかわらず、指名料二〇〇〇円を支払った男性客に対しては、通常の風俗店では高額の追加料金が発生するようなサービス、あるいは高額の追加料金を支払ってもさせてもらえないような過激なサービスを無料オプションとして提供していた。「生AF（コンドーム未着用での肛門性交）」「精子付手マン」など、衛生的にも常識的にもありえない行為が、ホームページ上に「サービス」や「オプション」として掲載されていた。

ただ文字通りのことが実際に行われていたわけではなく、それらは「本番行為OK」「生中出し（＝コンドームを使わない膣内射精）OK」を意味する隠語である場合もあった。売春防止法の関係上、「本番行為はオプションで、追加料金はいくらです」と表記・宣伝することはできないので、隠語のオプションにした上で別料金をとって、男性客に本番行為を行わせていたと考えられる。

もちろん店舗やオーナー、地域によって内情が異なるため、サンキューグループの店舗全てがそうだとは言えない。『職業としての風俗嬢』（中村淳彦・勅使河原守：宝島社新書）では、サンキューに在籍し、本番行為を一切行わずに月収一〇〇万円以上を稼ぎ出す二九歳の女性のインタビューが掲載されている。一部の風俗雑誌では、サンキューを「安心して遊べる優良店」として紹介していた。

しかし女性の管理が全く行われておらず、サービスも過激となると、必然的に女性を短期間で使い捨てにするブラックな営業スタイルにならざるを得ない。

一部の店では、他店で採用基準に満たなかった女性、他店で稼げなくなった女性が紹介やスカウトを経由して集められ、消耗品として扱われていたようだ。業界関係者の中では「風俗の墓場」と揶揄する声もあった。

†ビジネスとしての健全化の必要性

ビジネスを行う上で、サービスや商品の値下げは一番簡単な手だ。分かりやすく、インパクトも強い。しかし最終的には必ず経営の首を絞めることになる。「だからこそ経営者は、サービスや商品の価値を高めて価格を上げることを考えるべき」と大崎さんは語る。経営者側が最低限の情報と正しい知識を得て、働く女性の価値を高めた上で、適正なサービスを適正な価格で提供する必要があるというのは正論だ。それができない、やっていないから、男性客からクレームが発生したり、女性を使い捨てるような営業スタイルになる。

今回のサンキュー摘発事件から得られる教訓として、「サービスや商品の価値を高めるための経営努力、つまり経営者や女性が自分を高める努力をすることが、業界の健全化につながると思います」と大崎さんは主張する。

確かに風俗の世界を通常のビジネスの視点で見れば、全くその通りだ。風俗店の経営者が開業前もしくは開業後に、経営に必要な法律やマネジメントのノウハウを学ぶための研修や講義の場はほとんど存在しない。警察も開業に際しては何も教えてくれない。知識や経験が全くのゼロであっても、届け出さえ出せば開業できてしまう。知らないうちに法律に抵触する行為をしてしまい、警察から指導を受けた時にはじめて「そんな規則があったのか」と驚く経営者も少なくない。地方によっては、そもそも本番行為が違法だということすら知らずにデリヘルを営業している経営者もいるという。

働く女性が指名数を増やしていくための知恵や工夫、テクニックの習得も、その多くは個人の自助努力に任されている。経営者や男性従業員のマネジメント力を高める場、女性の自分磨きや指名獲得スキルの向上を支援する場を作っていくこと、一般企業と同レベルのマーケティングやマネジメントの技術を活用していくことが、風俗業界をビジネスとして健全化していくための重要な必要条件として今後求められていくだろう。

ただ、それは必要条件であって十分条件ではない。風俗の世界において問題が複雑になっているのは「一般企業に比べて、ビジネスの視点や知識が足りない」ことだけではなく、そもそも「風俗自体が純粋なビジネスではない」という点にある。法律上、性風俗関連特殊「営業」と定義されているため、一見すると性サービスを提供しているビジネスに思えるが、話はそう単純ではない。ギリシア神話に登場する合成生物・キメラのように「ビジネス以外の異なる遺伝子」が組み込まれていることが、問題を複雑にしている。

†激安風俗店で働く女性の実像

冒頭の真理子さんの話に戻ろう。真理子さんは、幼い子供を抱えるシングルマザーだ。身長は一五〇センチ台だが、スリーサイズは、B・W・Hの全てが一一〇センチを超えている。本人の話によれば、小学生の頃からずっといじめに遭い続け、さらに母親からの虐待、パチンコ狂いの父親、アルコール中毒の祖父という悲惨な家庭環境の中で育った。中学三年から援助交際を始めて、高校は中退。少年院に入ったことや、薬物に手を出したこともあるという。

一九歳で水商売や風俗の仕事を始めた後に、ホストにハマった。きっかけは、上京して友達もおらず、寂しかったから。たまたまチラシで見た初回一〇〇〇円のお店に行ったのだが、そこからどっぷりハマってしまい、自宅の電気が止められるほどお金に困るようになった。ホストの売掛けを返済するために、デブ専門のキャバクラや店舗型ヘルスなどの仕事をするようになる。

売掛けをためていた歌舞伎町の担当ホストから紹介されて、池袋のサンキューに入店した。ホストとスカウト、一部のサンキューは裏でつながっており、ホストの売掛けを返済できなくなった女性をサンキューに送り込む仕組みがあったようだ。

入店時には、スタッフから「生中出しした方が、うちは稼げるよ」と言われた。三九〇〇円のうち、女性の取り分は二五〇〇円だが、指名料はプラス二〇〇〇円になるため、いかに男性客からの指名を増やすかが、稼ぐための必須条件になる。そこでお金が欲しい女性は「それで指名を取れるなら、稼げるならやります」となる。「やりません」と言うと、スタッフから「やらないと、うちは稼げないから」と言われる。もしくは、最初は「やらなくていい」と言われて入店したものの、満足に稼げず、「稼げないのは生本番をやらないからだよ」と暗に生本番を勧められるようになり、結局やらざるを得ない状況に追い込まれるケースもあるようだ。

普通の風俗店だと思って求人に応募してきた女性は、面接の段階で「これはおかしい」と察して、すぐにやめる。もしくは入店後、すぐに逃げる。真理子さんの働いていた店舗では、辞めずに在籍している女性はリストカットや薬物依存などの病んでいる子しかいなかったという。

†生本番サービスが「合理的」になる理由

入店後、真理子さんは五反田や浅草、上野や秋葉原など、様々な場所の店舗に応援で入ることになった。スタッフからは「毎日休まずに入って」と言われて、睡眠時間を削って長時間働く日もあった。真理子さんはパニック障害を持っているため、集団での待機が難しい。過去のいじめ体験から女性と付き合うのが苦手なので、待機所で他の女性たちや従業員とトラブルを起こしてしまうこともあった。そのためネットカフェでの個室待機は都合が良かった。待機所を設けずにネットカフェで待機させることは、女性のリスク管理の観点からは当然望ましくないが、それによってはじめて働くことが可能になる女性もいるのだ。

またネットカフェ待機の場合、男性客から受け取った売上のお金を女性が店側に渡す場が無い。お金は、女性がプレイの後に事務所のポストに投函（！）するという、どう考えても杜撰としか思えない管理体制の店もあった。店によっては、スタッフから「後から回収しに来るから、財布に溜めこんでおいて」と言われることもあったそうだ。そうなると、金銭の管理ができない女性の場合、保管していた売上を個人的に使い込んでしまうトラブルが当然のように発生する。そうなった場合、「店の落とし分がないじゃねーか！　どうしてくれるんだ」と責め立てて、さらに長時間・長期間働かせる。つまり、意図的に女性に借金を背負わせ、抜け出せないようにするための罠として、ネットカフェ待機、及び売上の個人保管が機能しているわけだ。ここまで来ると、管理売春の域を超えて人身売買に近い。

さらに前述の通り、サンキューの一部の店舗では生本番が常態化していた。一部の高級ソープのようにピル（経口避妊薬）を服用した上での生本番ならまだしも、激安風俗店でのピルなしでの生本番は、衛生的にも身体的にも自殺行為に近い。

それでも生本番が常態化していた背景には、男性側だけでなく女性側の需要もあった。前述の通り、指名料が欲しい女性は生本番に手を染める。稼ぐ以前の問題で、生本番を売りにしないとそもそも働けないのだ。また手や口のサービスで男性客を満足させるだけのテクニックが無い女性にとっては、はじめから生本番をさせてしまうことで、かえって短時間でプレイを終えることができるメリットがある。三〇分というサービス時間の短さも、生本番の蔓延に拍車をかける要因になっていた。身体面では、コンドームを着けて繰り返し本番行為をすると、女性器がゴムの摩擦で傷ついてしまうため、ローションを使用した生での挿入の方が身体に負担がかからない、という理由もある。

真理子さん自身も、稼ぐために連日不特定多数の男性客と生本番を繰り返していた。神奈川県大和市のサンキューに応援で入った際、男性客との生本番によって妊娠した。生本番のサービスが当たり前だったので妊娠する予感はしていたという。産もうとも思ったが、既にもう一人子どもがいるので産める状況では無かった。妊娠に気づくのが遅れてしまったため、中絶費用に二十数万円かかった。

「妊娠したから、私もう辞めるね」とスタッフに報告したら、「辞めなくていいから、今度は上野のサンキューに行って」と言われた。生本番をやらせて妊娠させた女性を、そのままさらに働かせるというのはブラックの極みだが、真理子さんとしてもここしか稼げる職場が無い。店側に中絶費用を出してほしいと言いたかったが、職場を失う怖さから言わなかった。結局、在籍中に二回妊娠して、二回共自己負担で中絶した。医者からは「もうこれ以上は中絶できないよ」と言われた。

†それでも彼女が悪質な激安風俗店で働くのはなぜか？

客観的に見れば、生本番を繰り返し行わせた上に中絶費用も女性の自己負担という店舗は、法律的にも社会的にも完全にアウトだ。スタッフは「サンキューで友達を作ろうなんて思わない方がいい」「風俗は友達をつくる場ではない」と注意し、女性間の交流を遮断していた。これは悪質な管理売春の常套手段だ。男性客がいないと、男性従業員から「朝まで路上でキャッチして、客を捕まえて来い」と命令されたこともあったそうだ。この命令には、言葉による精神的暴力や、蹴りなどの身体的暴力を伴う時もあったという。

ここまでお読みになった方は、「なぜ彼女は辞めないんだ」「ホストの借金なんて踏み倒して、すぐに逃げればいいじゃないか」と疑問に思われただろう。しかし、これだけ悲惨な労働環境に置かれても、サンキューグループ自体が警察に摘発されるまで、真理子さんは辞めなかった。その理由は二つある。

一つ目は、「それでも稼げるから」だ。三三歳でスリーサイズが全て一メートルを超えており、パニック障害に加えて糖尿病も抱えている彼女は、他の風俗店ではそもそも面接すら通らない。応募者全採用の激安店で、不特定多数の男性客を相手に生本番をはじめとした過激なサービスをやる以外に稼ぐ道が無いのだ。男性客の指名を取るために、わずか一〇〇〇円程度の追加料金で、飲尿や顔面排泄などの拷問に近いプレイも受け入れたという。そうした指名獲得の努力が認められて、「売上のバック率を他の在籍女性よりも上げてもらうことができたんです」と真理子さんは嬉しそうに語る。しかしその金額は、一回のプレイにつき、わずか二〇〇円だ。過激サービスに伴う身体的・精神的ダメージに見合った金額であるとは到底思えない。

二つ目の理由は、知的障害だ。真理子さんには、これまでの生育環境や障害の影響もあって、時間や金銭の管理、そして感情のコントロールがなかなかうまくできないという悩みがある。自己肯定感も低いため、その場で権力を持っている人の命令、もしくは自分に好意を持ってくれる（ように見える）人からの依頼を受けると、操り人形のように容易に言いなりになってしまう。社会常識や自分の心身の健康よりも、目の前の相手に気に入られること、見捨てられないことを優先して発言・行動してしまう。

二〇一四年に話題になった『最貧困女子』（鈴木大介：幻冬舎新書）でも描かれていた通り、知的障害の女性が性労働の現場で働いているケースは、少数ながらも確実に存在する。軽度知的障害と風俗の問題は、二〇一三年末にＮＨＫの「ハートネットＴＶ」（一二月一〇日放送：第一九回　見えない世界に生きる――知的障害の女性たち）や、「おはよう日本」（一二月一七日放送：性風俗業に狙われる　知的障害者の女性たち）でも繰り返し取り上げられ、話題になった。

そもそも、現在の知的障害者福祉・教育制度の原点自体が、知的障害の女性と売春の問題にあった。「知的障害者福祉・教育の父」と呼ばれている社会事業家の石井亮一（一八六七〜一九三七）は、震災で親を失った知的障害の女児たちが人身売買によって売春させられている現状に衝撃を受け、そこから知的障害者教育・福祉制度の確立に尽力したという歴史的経緯がある。

†福祉や行政につないでも救われない

現在、真理子さんは知的障害の療育手帳を取得した上で、生活保護を受給している。生活保護を申請する際には、トラブルを起こして区の関係者を殴ってしまい、危うく傷害で逮捕されそうになった。しかし、担当の警察官が区との関係をもう一度取り持ってくれて、大逆転で受給することができた。療育手帳と生活保護のおかげで、福祉には一応つながっている。

ただ、それでも生活は非常に苦しいままだ。家賃や水道光熱費に加えて、息子が自閉症であり、入院が必要な病気も抱えているので、生活保護費だけでは全然足りない。そんな中でも歌舞伎町のボーイズバーなどに通い、飲み代にはかなりのお金を使ってしまっている。飲みに行くこと自体が救いになっているので、どうしてもやめられない。

第一章でも、障害を抱え、生活保護を受けながらデリヘルを経営する男性の例を紹介した。風俗の世界で貧困に苦しんでいる男女に関しては、「風俗で働く・働かせるのではなく、福祉や行政につなぐべき」という主張がなされがちだ。

しかし、福祉や行政につなげばそれだけで彼や彼女が救われる、ということはありえない。せいぜい「つながらないよりはマシ」程度の変化しか起こらない場合もあるし、生活保護費や障害基礎年金をお酒やギャンブルにつぎ込んでしまい、逆に状況を悪化させてしまう場合もある。

現実的に、様々な困難を抱えた真理子さんが自立して子どもと生活していくためには、通常の風俗店でも生活保護でもなく、限りなく管理売春に近い激安デリヘル、もしくは限りなく激安デリヘルに近い管理売春で働くという選択肢しかない。

管理売春は、一般的には「問答無用の絶対悪」とされているが、管理されてはじめて稼げる女性、容姿や年齢にハンディがあるため過激なサービスに頼らざるを得ない女性、福祉や行政とつながれない、もしくはつながっても生活の困難から抜け出せない女性にとっては、管理売春の場で働くことが唯一の「福音」になってしまう、というジレンマがある。

事実、これだけのブラックな営業をしていたにもかかわらず、サンキューは働く女性を確保できていた。つまり男性客の側だけでなく、働く女性側からの「需要」もあったわけだ。

†婦人保護施設は、激安風俗店に敗北したのか？

生活保護や児童扶養手当、障害基礎年金以外に、真理子さんのような女性が救われる制度は無いのだろうか。選択肢の一つとして、婦人保護施設がある。婦人保護施設とは、売春防止法によって定められている、売春を行うおそれのある要保護女子を収容保護するための施設である。

都内のある婦人保護施設では、利用者の約七〇％が、真理子さんのような軽度の知的障害と精神疾患を併発しているという。しかし、知的障害者（児）に交付される「愛の手帳（東京都療育手帳：障害の程度によって、最重度の一度から軽度の四度まで区分される）」を取得している人は、全体の約三割に過ぎず、取得者は全員軽度の四度だそうだ。しかし、医療費の心身障害者（児）助成を受けられるのは、都の制度では一、二度の人まで、区の制度でも三度の人までである。障害者世帯向けの区営住宅にも、四度では申込みができない。また、国の制度である特別児童扶養手当（障害のある子どもを育てている人が受けられる手当）は、四度では受けられない。ちなみに三度の場合、月額三万四〇三〇円の手当を受けることができる。この差は大きい。

東京都福祉保健局の定義によれば、四度に該当する人は、知能指数（ＩＱ）がおおむね五〇から七五で、簡単な社会生活の決まりに従って行動することが可能であるとなっている。日常生活に差し支えない程度に身辺の事柄を理解できるが、新しい事態や時や場所に応じて臨機応変な対応をすることは難しい。

つまり真理子さんのような女性は、知的障害者としては最軽度であるがゆえに、既存の障害者制度の枠組みの中では支援を受けることが難しい「谷間」に落ち込んでしまっている。一見、誰とでも普通に会話を交わし、それなりに働くこともできるため、そもそも障害者であること自体に気づかれない場合も多いが、実際は周囲の適切な支援が無ければ、社会生活を送ることができない。

こうした女性を受け入れてくれる施設は、現状では婦人保護施設しかない。ただ、婦人保護施設は数が極めて少なく（全国に四九のみ）、どこも定員割れで、その機能を十分に果たしているとは言い難い。風俗業界で働く女性、売春の世界で働く女性の総数は推計で数十万人に上るとされているが、婦人保護施設に入所しているのは、わずか五〇〇人強。しかもその半数近くはＤＶ被害者である。売春防止法で定められた「売春を行う恐れのある女子の収容・保護施設」としても、管理売春まがいの激安風俗店で働く女性を捕捉し、支援・救済する施設としても、残念ながら不十分だ。

それでも、婦人保護施設に入所することができれば、悪質な風俗の世界との縁も切れるので、問題は一応解決に向かうように思われるかもしれない。しかし話はそう簡単ではない。婦人保護施設の職員の方に聞いた話では、婦人保護施設を「刑務所」と呼んでいる利用者の女性も少なくないそうだ。施設に入ると、まず携帯を没収される。携帯が使用できる状況だと、出会い系サイトで知り合った男性や売掛けの回収を求めるホスト、スカウトマンから連絡が来て、再び向こうの世界に引きずり込まれてしまうからだ。また携帯に届く「お金が儲かる」「芸能人に会える」といった詐欺メールを鵜呑みにして、お金を振り込んでしまうケースもあるという。それでも携帯が無ければ、家族や友人を含め、誰とも連絡を取れなくなってしまう。それは依存傾向の強い女性にとっては死刑宣告に等しい。

つまり施設に入所することで、これまでの生きるよりどころであった社会とのつながりを全て切断されてしまうわけだ。客観的に見ればまごうかたなき管理売春の世界であっても、彼女にとっては、子どもと生活するためのお金を稼げる大切な場所であり、愛する彼氏やお客などの他者や社会とつながることのできる場所だったのだ。

†「非合理の合理性」の壁

冒頭で見たように、真理子さんも警察に事情聴取をされた際、サンキューで働く中で、生本番強要・中絶・暴力などのひどい目に遭わされていながらなお、「本番はしていない」と言い張って、オーナーをかばっている。

真理子さんの彼氏だった男性は、元ホストでスカウトマンでもあり、サンキューの店員でもあったそうだ。「それは本当に彼氏なのか？」「騙されているだけなのでは？」という疑問が湧いてくるが、動機はどうあれ、数々のハンディキャップを抱え、誰からも認められなかった真理子さんを一人の女性（無論、都合のよい商品としての女性という側面が強いかもしれないが）とみなして付き合ってくれたのは、少なくともその男性だけだったのだろう。たとえ、その正体が女性を搾取する悪質なスカウトマンであっても、彼女にとっては世界で一人の特別な「彼氏」なのだ。

サンキューを退店した後、真理子さんは、都内の別の激安デリヘルで勤務している。その店は、サンキューとは異なり、本番行為を一切禁止している法令順守の風俗店だ。店長も良心的で、真理子さんが当時抱えていたホストの売掛けを支払うために、店の取り分なしの割引価格で客をつけてくれた。その稼ぎで売掛けを完済し、ホストが連日自宅まで回収にやってくるような日々からは、どうにか抜け出すことができた。

しかし、サンキューで働いていた過去からはなかなか縁を切れない。サンキューに在籍していた当時は、新宿や五反田、池袋など複数の店舗のホームページで顔出しをしていた。

現在の店では顔出しをしていないが、顔にボカシをかけていても、過去にサンキューで接客したことのある客には在籍していたということがすぐにバレてしまう。ネットの掲示板でも「元39の池沼（ちしょう：知的障害者を指すネット上の差別用語）」と誹謗中傷を書かれる。サンキューでついたことのある客がやってきて、「今日、飲尿してくれるよね？」と言われるなど、サンキュー同様の過激なサービスを要求されることもあるという。

さらに現在、ある地域のサンキューのスカウトが再び真理子さんを引き抜こうとしているという。グループの中で摘発されずに残った店舗が、再び営業を立て直すために、過去に在籍していた女性に声をかけているそうだ。今の店長からは「もうサンキューには戻るな」と言われているが、真理子さん自身は「迷っている段階です」と語る。今の店の稼ぎだけでは生活できないのだ。

激安風俗店の世界で行われていることは、どう考えても非合理である。しかし、非合理であるがゆえに、そこで救われる人がいる。ビジネスとして成り立つはずの無い激安風俗店が今の社会で曲がりなりにも成り立ってしまうのは、こういったビジネス以外の側面、すなわち風俗の世界に関わる当事者が抱えている差別や虐待、貧困や障害などの社会問題が複雑に絡み合い、それ自体が求人や集客、継続的な利用や在籍を成り立たせる屋台骨の一つとして、構造の中に組み込まれているからだ。

歴史的に見ると、性産業の世界で働く女性の労働環境を改善しよう、差別や偏見を無くそう、という主張や活動は、明治期の遊郭の時代から平成のデリヘルの時代に至るまで連綿と存在する。実際に、そうした活動は一定の成果を上げてきた。

しかし、不健全かつ非合理な部分が風俗の世界を支える屋台骨になっているがゆえに、建物を壊さずにそれだけを抜き取ることはできない。このカラクリが、風俗の世界の課題を解決すること＝営業の健全化や労働環境の改善を考える上で立ちはだかる最大の障壁になる。

果たして、この「非合理の合理性」の壁を超えることは可能なのだろうか。次章では、風俗の不健全かつ非合理な部分をあえて前面に押し出した「地雷専門店」の現場から、この問いの答えを考えていく。

証言 売春以上恋人未満の「会員制高級交際クラブ」

東京・丸の内にある国内最高級ホテルのプレミアムタワーフロア。窓外には、超高層ビル群と皇居を見下ろせる絶景が広がる。都会の喧騒から隔絶された地上三〇階の静かな部屋の中で、広川剛志さん（三四歳）は、ノートパソコンの画面を見ながら思案に耽っていた。時刻は夜の二三時三〇分。ワーカホリックな剛志さんは、ベッドに入るギリギリまで仕事をしていないと落ち着かない。紫檀のデスクの上で充電中のスマホのランプに反射して、薬指から外された指輪が光っている。

剛志さんは、首都圏の有名国立大学在学中にIT関係の事業で起業。同世代の起業家がポータルサイト構築やSNS、動画配信といった話題性のある事業に走る中、剛志さんは、話題性の乏しさ、利幅の薄さゆえに誰も見向きもしなかったニッチな分野をターゲットに定め、長い時間と努力を費やしてマーケットを単独で制圧。この分野の勝者になった。経営者にありがちな自己主張の塊のようなギラギラしたタイプではなく、物静かで控えめな学者肌の男性だ。起業家というよりも、人文系の大学院生のような印象を受ける。

バスルームのドアが開く音で、部屋の静寂が破られた。素肌に真っ白なバスローブをまとって出てきたセミロングの女性は、一七〇センチ近い高身長で、ローブの隙間から上気した豊かな胸と白い脚線美がのぞく。彼女は田宮玲子さん（二七歳）。剛志さんと同じ国立大学の経済学部出身で、大学院で修士号を取得した後、丸の内の外資系監査法人に勤めている。今日は残業を終えた後に剛志さんとホテルのロビーで合流し、ホテル内の高級日本料理店でディナーをとった後、この部屋でベッドを共にした。

独身の玲子さんは、現在海外のビジネススクールでＭＢＡをとるための準備をしている。残業は深夜に及ぶこともあるが、その合間を縫って留学準備のための勉強時間を作っている。今日も、自宅に帰ってから机に向かう予定だという。

服を着た彼女は、丸の内線の終電に間に合うよう、あわただしく帰る準備を始めた。

「今日はお忙しい中、ありがとうございました。とても楽しい時間が過ごせました。次回はもう少しゆっくりお会いしたいですね。」

そういって、剛志さんは、別れ際にデスクの引き出しから封筒を取り出し、玲子さんに手渡した。封筒の中には、一万円札が五枚入っている。彼女は満面の笑みでそれを受け取ると、礼儀正しくお辞儀をして部屋を後にした。

さて、この二人は、一体どのような関係なのだろうか？　大学の先輩と後輩のカップル、というわけではないだろう。恋人同士であれば、別れ際にお金を渡すようなことはしない。だとすれば、不倫の関係？　それとも高級デリヘルの新業態なのだろうか？　答えは、いずれもノーだ。

剛志さんと玲子さんは、会員制の高級交際クラブで出会ったカップルだ。二人の関係は、風俗で働く女性と男性客の関係でもなければ、売春における売り手と買い手の関係でもない。言うなれば、「売春以上、恋人未満」の個人間のセックス契約である。仕事の合間を縫ってお互いの都合の良い日時に食事やデートを行い、その見返りとして、男性側が女性側に対して事前に契約で決められた対価を支払う。

この関係は、一見すると単なる売買春に思えるかもしれない。しかし売春防止法によれば、売春の定義は「対償を受け、又は受ける約束で不特定の相手方と性交すること」（第一章第二条）をいう。つまり、金銭や物品を介した性的関係であっても、「不特定多数」ではなく「特定少数（もしくは単数）」の相手と行うのであれば、それは売春ではないのだ。経済的・精神的に自立した成人の男女が、双方の合意に基づいて結んだ安全かつ対等な関係であるのならば反社会性も無い。

会員制の高級交際クラブは、こうした個人間契約を求める男女をマッチングしてくれるサービスである。登録にかかる費用は、多くの場合女性は無料、男性は数万〜十数万と風俗に比べれば高額であるが、登録に際しては、男女共に面接や書面による審査、身分証明書の提示が必要になるため、身元の確かな相手と一定の信頼関係の上で契約を結ぶことができる。交際クラブの詳細に関しては、拙著『はじめての不倫学』（光文社新書）を参照して頂きたい。

剛志さんは、五歳の息子がいる結婚七年目の既婚者だ。一〜二カ月に一回程度、仕事の合間を縫って玲子さんと食事を共にし、身体を重ねる関係を続けている。

「妻と子どもがいるのに、なぜ？　と思われるかもしれません。詭弁に聞こえるかもしれませんが、妻と子どもがいるからこそ、なんですよ。つまり、不倫をして家庭を壊したくないからです。仕事柄、社内外で多くの女性と出会う機会があるのですが、私自身女性に惚れっぽい性格なので、浮気や不倫をしてしまう恐れがある。それによって仕事や家庭に支障が出るのは避けたい。そこで、個人的に契約した女性と会う頻度やセックスの回数を決めて付き合うことで、他の女性に気が向かないようにしているのです。一種の保険みたいなものですね」。穏やかな口調で、剛志さんは語る。

一方の玲子さんは、剛志さんとの関係をどう考えているのだろうか。「今は仕事が本当に忙しくて、プライベートで恋愛している時間的・精神的余裕が無いんです。留学費用を貯めることも必要なので。でも、男性との接点が全く無い生活を続けるのも、女性としてどうかなって思って、クラブに登録しました。剛志さんは優しく素敵な方で、今の関係にはとても満足しています。私自身、起業や独立に興味があるので、色々なことを教えて頂いています。あえて言えば、もう少し頻繁に誘って頂けると嬉しいな、というところでしょうか(笑)」

風俗に通う男性客のニーズは「素人」と「本番」の二つに集約される。多くの男性客は、恋人気分を味わうために、なるべく素人に近い女性と挿入を伴う性行為をしたい、という欲求を多かれ少なかれ抱えながら風俗店に通うわけだ。

だとすれば、はじめから交際クラブ等のサービスを活用して、素人の女性と個人間契約を結ぶべきだとも言える。

ここでネックになるのは費用だ。個人間契約では、一回のセックスにつき、ホテル代・飲食代を含めて、数万～十数万単位のお金がかかる。これまでの章で見てきた一回数千円～一万円台の激安デリヘルと比べれば、桁違いに高い。しかし当事者の剛志さんに言わせると、これらは全て最低限必要なコストだという。

「女性が心身ともに美しくあるためには、美容代や服飾代、健康な生活を送るための食費、スポーツジムの月謝など、相応の維持コストがかかります。そうしたコストの存在や必要性自体を、多くの男性は分かっていない。例えば牛丼が一杯一〇円で売られていたら、誰でもおかしいと思いますよね。たった一〇円で、牛肉やお米、調理にかかる器具代や光熱費、人件費が賄えるはずがない。最低でも一杯三〇〇円台で売らないと、そもそも経営が成り立たないはずです。

同じように、女性の身体も本来であれば五万～一〇万円台で売らないと、心身の健康を維持するための再生産コストや美容コストが賄えないはずです。わずか数千円～一万円台の利益では、美容院代にすらならないので、どう考えても『赤字』になってしまう。激安デリヘルなんて論外ですよ。つまり、女性の身体は五万以下で売るべきではないし、買うべきでもない。冗談半分ですが、法律で最低価格を五万以上に定めれば、風俗の世界の問題は大半が解決すると思いますよ」

必要コストを支払わない・支払いたくない男性に合わせて、店や女性の側も、健全なサービスの提供や安全確保のために最低限必要なコストまで削ってしまう。安易なパネルマジックによる宣伝や接客の手抜き、不衛生な過激サービスに走るようになるため、問題は一向に無くならないわけだ。

男性客がサービスを利用する上での必要コストをきちんと支払うようになれば、この世界の問題の大半は解決するかもしれない。しかし残念ながら、それはもはや実現不可能だ。デフレ化とデリヘル化の進む中、電話一本ですぐに女性が自宅やホテルの部屋に「配達」されるシステム、わずか数千円〜一万円台でその女性の全裸を鑑賞でき、場合によっては本番行為までできてしまうシステムが、良くも悪くも既に完成してしまっている。こうした世界の中で、一回のセックスにわざわざ数万〜十数万円を支払って、女性と面倒なコミュニケーションを重ねる必要がある個人間契約を結ぶ男性は、仮にそれが真にコストパフォーマンスの高い方法だとしても、あくまで少数派にとどまるだろう。

文化としての風俗が死んだ世界では、男性が金額に囚われない「粋」な遊び方を学ぶ場はもはや存在しない。この不毛な世界で風俗を利用する男性は、目先の価格と記号に踊らされながら、ありもしない「素人」という幻影を追い続けるしかないのかもしれない。

第四章　「地雷専門店」という仮面

「はじめまして、鶯谷デッドボール総監督です。書評も読ませて頂いており、坂爪様のお考えも何度かツイッター等で拝見して承知しております。否定も肯定も反論もするつもりもございません」

「ただ雑誌やネット情報、書籍やテレビでは読み取れない部分が大半だと思います。突然で大変失礼は承知の上でご提案ですが、一度現場をじっくり観察されてはいかがでしょうか。事務所や待機状況、在籍女性とも直接お話ししながら。お忙しいとは思いますが今後の研究材料にもなると思いますのでご検討頂けましたら幸いです。宜しくお願い致します」

ホワイトハンズで発行している性労働の専門誌『セックスワークジャーナル・ジャパン』にて、私はデッドボール総監督が共著者の『なぜ「地雷専門店」は成功したのか?』(デッドボール総監督&ハラ・ショー:東邦出版)の書評を書いた。

すると後日、ツイッター経由でデッドボール総監督から直接このようなリプライが届いた。まさかご本人から直接メッセージが来るとは思わなかったので、正直驚いた。

†「デブ・ブス・ババア」を集めた、レベルの低さ日本一の「地雷専門店」

経緯を説明しよう。二〇一四年末、第二三回FNSドキュメンタリー大賞に、フジテレビ制作『刹那を生きる女たち　最後のセーフティーネット』が選ばれた。見えづらい貧困を抱えながら生きる女性たちを追ったドキュメンタリーの中で、都内最底辺の激安デリヘル店で働く女性の姿が取り上げられた。彼女はアパートの家賃を支払うことができずに夜逃げし、上京してからは早朝の清掃の仕事と激安デリヘルの仕事を掛け持ちしながら生活していた。

その店の名前は「鶯谷デッドボール」。他の風俗店では不採用になるような地雷女性＝「デブ・ブス・ババア」を集めたレベルの低さ日本一の「地雷専門店」として、業界では有名な存在だ。彼女は「身分証があれば即採用」をうたう同店に勤務し、一〇〇分のプレイにつき五〇〇〇円の報酬で仕事をしていた。

しかし彼女は一五〇センチの身長でスリーサイズは全て八〇を超えており、前歯も欠けているため、お世辞にも綺麗とは言い難い。そのため思うように指名は取れず、生活は困窮。店の待機部屋やネットカフェで寝泊まりする彼女の姿を見かねて、「総監督」と呼ばれている同店の店長は、一緒に不動産屋を回って部屋探しの協力をするなど、彼女が自立するための手助けをすることにした。

部屋も無事に決まり、自立への第一歩を踏み出した矢先、彼女は突然音信不通になる。総監督を始め、店のスタッフがあちこち探し回ったが、一向に見つからない。なんと彼女は、生活費を稼ぐために夜の新宿で立ちんぼ（街娼）をして、売春防止法違反で警察に拘留されていたのだ。JR新宿駅付近で囮捜査員に声をかけて、現行犯逮捕されたという。未遂かつ初犯であったことから起訴はされなかった。

警察署まで迎えに行った総監督は彼女と話し合い、生活のために引き続きデッドボールで働き続けることに加えて、無駄遣いを避けるために稼いだお金を貯金箱に入れて管理することを提案した。もちろん、これらの解決策がどこまで意味のあることなのかは、総監督にも彼女自身にも分からない。

このドキュメンタリーを観たある特別支援学校の教員は、「彼女は、どうみても軽度知的障害じゃないか」と言っていた。前章で述べた通り、「身分証があれば即採用」をうたえば、他店で不採用になった軽度知的障害や精神障害を抱えた貧困女性が集まってくることは、火を見るより明らかだ。

鶯谷デッドボールは、地雷専門店というコンセプトの話題性もあって、多くの業界関係者から好意的に扱われていた。メディアにも積極的に露出し、二〇一四年秋には前述の書籍も出版され、出版記念イベントも満員御礼の盛況ぶりだった。

しかし障害者の性問題に取り組むＮＰＯとして、私はデッドボールをもてはやす風潮には全く同調できなかった。障害のある女性の性を商品化しているからという理由もあるが、それだけではない。

†なぜ地雷専門店は「アウト」なのか

まず、大前提として風俗が売っているのはあくまでサービスであって、そこで働く女性に対する差別や偏見、言葉の暴力を投げつける権利を売り買いする場ではない。

年齢や容姿、性格の問題でサービスを売ることができなくなった女性が、最後に残された「女性として・人間としての尊厳」を売る＝自身に対して「デブ・ブス・ババア」といった差別や偏見の言葉や眼差しを投げつける権利を客に対して売るのが「地雷専門店」の立ち位置だ。

もちろん、経営者や女性は「ネタでやっているんだよ」と言うだろうし、男性客も「話題のネタ、営業ノルマを達成できなかった社員の罰ゲームのネタとして使うんだよ」と言うだろう。だが、これは飲食店でたとえれば「賞味期限切れの食材を出す店」であって、店と客の間で合意があろうがなかろうが、社会的にも法律的にも完全にアウトだ。テレビでお笑い芸人をいじるのとは、文脈が全く違う。

そして風俗の世界では、そこで働く女性に対する差別が空気のようなデフォルトになっているので、差別をネタにしても問題にならない。こういった構造があるからこそ、地雷専門店は成り立つ。

書籍によれば、男性客側は、怖いもの見たさの「ホラーハウス型消費」、及びどんな女性が来るか分からない当たりハズレのドキドキ感を味わうための「ガチャガチャ型消費」をモチベーションにして訪れる人が多いそうだが、いずれも風俗の遊び方としては最悪の部類である。風俗はサービスを買う場所であって、お化け屋敷でもギャンブルでもない。

地雷専門店は、そもそも売るべきでないものを、売るべきでない相手に売っている時点で風俗店としては完全にアウトだが、一番の問題は地雷専門店そのものではなく、こういった地雷専門店が生み出される社会的・法律的な土壌にある。

現行法の枠内では、風俗のサービス内容に関して警察が取り締まることができるのは本番行為と未成年使用くらいである。即尺イラマチオ（文字で説明するのも不快なので、興味のある読者はご自身で調べて頂きたい）専門店のように、衛生的・人道的にアウトなサービスを商品化している店舗、そして地雷専門店のように、どう考えても問題ある営業をしているような店舗に対しては、法律的には何も言えない。

またデッドボールでは、在籍女性の国籍や障害・病気の有無を全面に出していない。あくまで本人の年齢と容姿、性格や経歴のみを差別の対象にしている。その意味でデッドボールはまだ「良心的」だが、地雷ネタがメディアに飽きられれば、あるいは模倣店が増えれば、より過激さを求めて国籍や障害を差別の対象にしたヘイトスピーチばりの店舗が出てくるのは、火を見るより明らかだろう。

「社会的に排除された女性たちに雇用の場を創出している」というのは詭弁にすぎない。社会的に排除された女性の支援は行政や福祉の仕事であって、風俗がそれを肩代わりする必要も義務もない。地雷専門店的な店舗が増えれば、風俗産業全体が誰にとっても良くない方向に向かうのは明白である。メディアや業界関係者は、将来的にどうなるか責任が取れないものを「面白いから」という理由だけで近視眼的にもてはやすことをやめるべきだ……。

こうした内容で、地雷専門店に対して極めて批判的な立場から書評を書いたわけだが、冒頭の通り、書評を読んでくださったデッドボールの総監督から直接メッセージが届いた。

総監督本人からの突然の申し出に正直驚いたが、確かに現場を見ずに二次情報だけであれこれ批判するのはフェアではない、と思ったのと、今回出版された書籍をはじめ、デッドボールを扱っているメディアの記事や情報にも「本当にそうなのか？」という違和感があったので、総監督の申し出とご厚意を受け入れて、実際に店舗を取材させて頂くことにした。

ＪＲ鶯谷駅から徒歩五分ほどの雑居ビルの中に、デッドボールの事務所兼待機部屋はある。看板も表札も一切出ていないドアを開けると、男女五人のスタッフがデスクのパソコンに張り付き、忙しそうに電話対応をしていた。黒のスーツ姿で出迎えてくださった総監督は、どう見ても強面のヤクザのような風貌だが、前職は大企業のサラリーマン。二〇〇九年に脱サラしてデッドボールを始めたそうだ。

総監督と在籍女性に対する取材を通して見えてきたのは、メディア上の姿とは全く異なる「地雷専門店」の別の顔だった。

†「専属ヘアメイク」「リピーターが九割」の謎

デッドボールには、在籍女性に対して無料でヘアセットやメイクを施してくれる専属ヘアメイクがいる。読者の多くは、まずここで違和感を覚えるだろう。「デブ・ブス・ババア」を集めた地雷専門店なのだから、なぜわざわざヘアメイクをするのだろうか。ノーメイクでそのまま派遣した方が「地雷度」が上がって男性客に喜ばれるのではないだろうか。

実は、「地雷専門店」と銘打ってはいるものの、「デブ・ブス・ババア」を求めてわざわざ利用する男性客は少数派だという。罰ゲームとして利用する男性客もせいぜい月に数人程度だそうだ。大半の男性客は、通常の激安デリヘル店と同様、低価格で「女性と遊ぶ」ことを目的にしている。

男性客の年齢は、二〇代から七〇代までバラバラ。女性との待ち合わせ場所であるJR鶯谷駅北口前を眺めていると、三〇～四〇代のサラリーマンが多いようだ。独身や家庭不和の男性、会社でストレスを溜めている男性など、何らかの寂しさを抱えた男性が癒しを求めて利用するという。この点も通常のデリヘルと何ら変わらない。

ちなみに現在、デッドボールを利用する男性客の九割以上はリピーターである。多い人は週五、六日（！）で通っているという。いくら激安デリヘルとはいえ、毎日利用するためにはかなりの出費が必要になる。こういうタイプの男性は、はた目にも明らかに無理をして利用していることが分かるので、長続きはしない。もって一年だそうだ。中には多額の借金をしてしまい、返済するためにデッドボールでスタッフとして働く男性もいるという。

デッドボールには、在籍女性個人のファンのみならず、店自体のファンが多い。本当に「デブ・ブス・ババア」のみを

鶯谷デッドボールの待機部屋

売りにした店であれば、これだけのリピーターがつくはずがない。つまり「地雷専門店」というコンセプトは、あくまでメディアの注目を得るための看板、男性客に電話をかけさせるための釣り餌であって、デッドボール自体は普通の激安デリヘル店なのだ。女性に対する差別的なキャッチコピーを多用した営業スタイルとは裏腹に、経営的にはむしろ優良店に近い。「『風俗を止めたい方へ』というコピーをコンセプトに掲げていますが、そんなことは内心これっぽっちも思っていません」と総監督は不敵に笑う。

コンセプト上、確かに女性の容姿や経歴をあれこれいじって、一見差別的に見えるキャッチコピーをつけているが、それはあくまで男性客に注目・指名してもらうため、稼ぐための「味つけ」であって、いじること自体が目的ではない。「デッドボールに入店する女性は、一週間前はよその店にいた。そこで稼げなかったから、辞めてうちに来た。そうした子を味つけして、売れるようにするのが店の役目です」と総監督は語る。

†女性に長く働いてもらうための仕組みづくり

デッドボールでは、獲得した指名数に応じて女性の取り分がアップするなど、女性に長期在籍してもらえるような仕組みを数多く用意している。女性を短期間で使い捨てるよりも、長期にわたって安心して働き続けてもらう方が、店にとっての利益にもなるからだ。

この世界で働く女性は、「飛ぶ」＝無断で辞めるのが当たり前。「スタッフが嫌い」「店が嫌い」といった一瞬の感情だけで、すぐに飛んでしまう。しかし、飛び出した女性がその後他の店でうまく行くのかといえば、絶対にそうはならない。「一度飛んでしまったから」という理由で、あちこちの店を転々としてしまう女性も多い。そうした点も考慮して、デッドボールでは一度飛んだ女性の出戻りも快く受け入れている。「やっぱりデッドボールが一番良かったな、と思ってほしいんです」と総監督は言う。

こうしたことを裏付けるように、デッドボールには長期間在籍している女性が非常に多い。六年前の創業時から勤務し、現在は内勤スタッフとして働いている女性もいる。

一〇人入店した場合、そのうちの二人は一週間以内に辞める。三カ月続くのは五割程度。それでも、三カ月続いた女性のうち八割は一年後も残るそうだ。つまり、一年後も四人は働き続けてくれる。そのため、総監督は「まず、入店後一週間はしっかり面倒を見ろ」とスタッフに指導しているそうだ。そこから、女性間の収入格差が出てくる一カ月、そして安定期に入る三カ月に到達するまで、稼ぎのアップダウンや指名率の推移を見ながら、どうメンタルケアをして、親身にアドバイスできるかが勝負になる。

デッドボールには、在籍女性のケアをするスタッフが三名いる。いずれも元在籍女性だ。女性同士で、総監督をはじめ男性スタッフには絶対に言ってこないであろうことを話し合っており、これが働く上でのガス抜きになるそうだ。

女性ケアスタッフの採用基準は、現役時代にある程度の指名率を持っており、かつメンタルに問題を抱えていないこと。「これだけ女性を抱えていますが、スタッフになれるような子は一〇〇人に一人いるかいないか。そういう子がいたら、いくら指名のある子でもスタッフの側に引き抜きたい」と総監督は話す。

待機部屋で、ある女性ケアスタッフの方にお話を伺った。彼女は、四〇代・風俗未経験でデッドボールに入店して、二年半勤務した後にスタッフ業務へと移行した。デッドボールを選んだ理由は、ネットで「四〇代・風俗未経験」で検索して、求人情報に誰でも採用と書いてあったから。現役時代は多くの指名客を抱えていて人気だったそうだ。

「自分が現役の時は、他の女性と関わらないようにしていたんです。面倒臭いので、特定の子としか喋っていなかった。女の子たちと話すようになったのは、スタッフになってからですね。女の子たちが話すのは、主に店のスタッフへの文句が多いです（笑）」

†働く「地雷女性」のリアル

鶯谷デッドボールには、月平均二〇人くらいの女性が面接にやってくる。身分証さえあれば即採用というシステムなので、基本的には面接に来た全員がそのまま採用・入店となる。

ちなみに、応募してくる女性の約九割は風俗経験者だ。多かれ少なかれ、何かしら心に闇を抱えている女性が多いという。面接シートには、現在の生活費や家賃・光熱費を申告する欄に加えて、希望収入を記入する欄がある。彼女たちが求める希望収入は、月に一〇～一五万程度の場合が多い。リアルな数字だ。バブル時代に働いていた経験のある女性は、平気で八〇万という大きな数字を書くこともあるが、当然そんな金額は稼げない。

システム上、誰でも採用される形になっているが、即採用＝即稼げる、というわけではない。店のトータルの接客率＝一日につき女性一人当たりの接客人数は、一・八人。一日に五〇人前後の女性が出勤しているが、同じ一日でも三人指名がつく女性もいれば、全くつかない女性もいる。多くの在籍女性にとっては、平均すれば一日に一人つくかつかないか、という世界だ。

店側としては、新規の男性客を一〇人接客したら、そのうちの三人から次回の指名を取れる「三割打者」を目標にしよう、と女性に伝えている。新規客の四割以上を指名客にできる「四割打者」の女性は安定して月額三〇万～四〇万稼ぐことができる。しかしリピート率が三割を切ると、極端に稼げなくなってしまうそうだ。ある女性は、入店初月で五〇人以上の新規客がつく人気ぶりだったが、次回の指名にほとんどつなげられず、二カ月目以降は全く稼げなくなってしまった。

言うまでもなく、「レベルの低さ日本一」をうたっている都内最底辺の店なので、女性たちは容姿に恵まれているわけでもなければ、特別なテクニックがあるわけでもない。「四割打者」の女性とそれ以下の女性の間にも、容姿の差は無い。リストカットの痕や刺青の入っている女性も多いが、接客や指名に関しては意外と不利にはならない。

そのため、男性客といかにコミュニケーションを取れるか、プレイ時間中にどれだけ楽しく会話できるかが重要になる。デッドボールは七〇分や一〇〇分などの長時間コースがメインなので、きちんと会話のできる女性が有利になる。

しかし、実際は対人コミュニケーションに難のある女性が少なくない。接客以前の問題として、待機部屋での過ごし方など、集団生活や社会生活の基本からいちいち指導しなければならない時もある。自分の気分次第で大騒ぎしだす女性もいれば、スタッフに喰ってかかる女性もいる。ちなみにコミュニケーション能力が店に入ってから伸びるという例はほぼ皆無だそうだ。ただし、スタッフとはうまくコミュニケーションが取れなくても、特定の客とだけはうまく取れる場合もある。

†メイクの仕方もセックスの仕方も分からない？

食品スーパーの裏方の仕事など、衛生管理上メイクをしない仕事を続けていたために、そもそも化粧をする習慣自体が無い女性もいる。ファンデーションを過度に塗りたくってしまったり、チークを入れてもおかめさんみたいになってしまったりと、メイクの基礎自体が分かっていない。これまでの人生の中で、様々な理由で、メイクを覚える機会を含め、女性としてきれいになるタイミングや学習の機会を逃してしまったのだろう。

待機部屋で話を聞いた中には、三〇代後半を過ぎても男性経験が無く、処女のまま入店したという女性もいた。女性性を売る性風俗の世界で、メイクの仕方もセックスの仕方も分からない状態では、働いてもまともに稼げるはずがない。

こうした女性に少しでも稼げるようになってもらうために、店側は前述の通り専属スタッフによるヘアセットやメイクを無料で提供しているわけだが、女性たちにそもそもメイクの経験や習慣自体が無いため、「面倒臭い」「嫌だ」という理由で断られることもある。「その日の稼ぎをパーッとその日のうちに全額使ってしまうのではなく、コンビニメイクの口紅一本でもいいので、自分で買ってくれれば……」と総監督は嘆く。売れている女性は自分に投資できる。そしてどんどん売れるようになる。売れていない女性は自分に投資できない。そしてどんどん病んでいく。

結局は、勝つべくして勝っている女性、元々救われている女性に指名が集中する。「（こうした状況を打破するための）だからこそのヘアメイクなのですが……」と総監督は苦々しい表情で語る。

†地雷女性たちの抱える困難

「身分証さえあれば即採用」というデッドボールの面接にやってくる女性は、総監督に言わせれば、「今までよく生きてきたな」と思わされるような困難を抱えている女性が大半だそうだ。

女性の面接の際には、開口一番「今、何飲んでいるの？」と聞き、抗うつ剤や精神安定剤など、現在服用している薬の有無や種類を必ず確認している。メンタル面に問題があることを事前に言っておいてもらえれば、体調不良で休む際も、その都度女性は嘘をつかなくて済む。店に嘘をつかなければいけない環境を作ってしまうと、その女性は辞めるしかなくなってしまう。「メンタル系の病を抱えているというのは、女性にとっては隠したい部分です。そこを面接担当者が聞き出しきれるかが勝負。そこをぶっちゃけて入店してもらうのがうちのスタイルです」

睡眠障害やうつ病、病的な低血圧や薬の副作用等で「朝起きられない」という女性は非常に多い。ある女性は企業でSEとして働いていたが、睡眠障害とうつ病のために退職。カードで多額の借金をつくってしまい、家賃と生活費の安いシェアハウスでどうにか生活している。生活費を稼ぐためにウェブ制作のアシスタントのアルバイトもしたが、仕事中に寝るためにクビになってしまった。現在の年収は、デッドボールで得られる収入を含めても、八〇万円程度だそうだ。自己破産をするにしても、弁護士費用だけで数十万円ものお金がかかってしまうため、なかなか踏み切れない。

睡眠薬を含めると、働いている女性全体の約六〜七割が何らかの薬を服用している。総監督の前職は大手企業のサラリーマンだが、その際の役職研修で覚えた社員のうつ病対策の知識が役に立っているという。店長や従業員が薬の名称や効用、副作用を知っておかないと、女性をうまく管理することはできない。

在籍女性には、歯の無い人や肥満の人も多い。話を聞くと、幼少期の家庭環境が悪く、怪我をしたり病気になったりしても病院に連れていってもらえなかったり、長期間偏った食生活を送っていたことが原因のようだ。そもそも親が病気や障害のことを認めてくれず、薬を飲むこと自体を否定されたケースもあるという。

貧困と肥満は一見無縁に思えるが、低所得者層は安価で高カロリーなインスタント食品やジャンクフードを摂取する機会が増えるために、かえって肥満率が高くなる、という説がある。肥満の女性たちは幼少期からずっと肥満で、それによるいじめや差別を受け続けてきたのだろう。

†客の本番要求から逃げろ！

あまりマナーの良くない客と、初対面からホテルの密室で一対一にならざるを得ない激安デリヘルの世界では、客からの本番要求は日常茶飯事だ。挨拶代りに「やらせて」と言ってくる客も多い。中には、強い言葉で脅してくる客もいるという。

安全対策として、サービス中に問題が発生した場合、女性はトイレに行くふりなどをして客から離れて、すみやかに店に電話するよう指導している。電話もできない緊急事態の場合は、携帯を通話状態にして放置しておく。ホテルの部屋番号は分かっているので、それを合図にしてスタッフが部屋に乗り込んでいくことができる。ただ面接で説明しても、実際に客と一対一になる現場では、遠慮や恐怖心のためになかなか電話できない女性もいるようだ。逆に若い女性の中には些細なことでもすぐ店に電話をしてくる人もいる。一方店側に頼らずに、客との話し合いでトラブルを自己解決できる女性もいる。

女性からの緊急電話を受けて、スタッフがホテルに出動する回数は、月に四、五回程度。強姦もしくは強姦未遂で警察沙汰になるのは、月に二、三回程度だという。

悪質な客を取り押さえて警察に連れていった場合、被害届は出さないが、警官の前で念書を書かせて、女性の治療代（緊急避妊薬と性病検査の費用）はきっちり払ってもらう。払わずに逃げ切る不埒な輩もたまにいるが、強姦で逃げ切られたことは今までで一度もないそうだ。罪を犯す男性側にも罪悪感はあるらしい。

一方、いくら女性を本番要求する客から守ろうとしても、女性側が自発的に本番をしてしまったのでは意味が無い。女性側が「本番をすれば指名が取れる」「稼げる」という誘惑に負けてしまう可能性もある。本番をせずに真面目に働いている女性が、男性客から「前の子は本番ＯＫだったから、君もやらせてよ」と言われ続けてしまうと、女性の士気は下がるし、店の信用にも関わってくる。

本番疑惑のある女性に直接「本番していない？」と事後的に尋ねても「していない」と言われるだけだ。何の確証もないので、そこは強く言えない。

そこで必要があれば、懇意にしている広告代理店の男性に覆面調査員になってもらい、客からのクレームの多い女性や本番疑惑のある女性に、一般客のふりをして入ってもらうこともあるそうだ。

前章で取り上げたサンキューが摘発された時、そこで働いていた女性が何名か面接にやってきた。この際にも覆面調査員を使用して、本番をしていないかどうかチェックしたという。確かに昨日まで本番をしていた女性が、在籍している店の看板が変わっただけで今日から本番をしなくなる、という保証は一切無い。

†線引きを曖昧にしているがゆえに稼げる

本番や暴力などの法令違反を除けば、風俗店で禁止されている行為は、「女性が嫌がる行為」である。女性によって「嫌がる行為」の許容範囲が異なるため、一律に線引きをすることは難しい。ある女性にとっては全く問題の無い言動であっても、別の女性にしてみれば即NG、ということもありうる。

女性からの緊急電話を受けてホテルの部屋に駆けつけると、客から「あの子の時は大丈夫だったのに、なぜこの子はダメなの?」「同じことしているのに、なんでダメなの?」と言われることもある。

NGを出された客から再び指名の電話が来た場合、「その子の予約はもう満了です」と言って断る。あまりしつこいようなら「すみません。その子はお客様からの指名がNGになっていますので、他の子で遊んでください」と伝える。複数の女性からNGが続いた客に関しては、女性に聞き取り調査した上で「店NG」=今後の利用をお断りする形にしている。

女性を守るためには、「ここまではOK」「ここからはNG」という線引きを明確にする必要があるが、あまりにも明確にしてしまうと女性本人、もしくは他の女性が稼げなくなってしまう。線引きを曖昧にしているがゆえに稼げるのだ。ある女性にとってはNGの客でも、別の女性にとっては、長期にわたって多額の利益をもたらしてくれる「太客《ふときやく》」になる可能性がある。NG客と太客の違いは紙一重なのかもしれない。

†つかもうぜ! デッドボールドリーム

前述の通り、デッドボールでは女性のモチベーションを高めるための仕組み、女性が稼げるようになるための様々なサポートを用意しているが、そもそもモチベーションのある女性はそんな仕組みが無くてもしっかりと働き、しっかりと稼ぐ。どれだけ店側が支援しても、ダメな子はダメ。「目標を持って働きたい」「いつまでにこれだけ稼ぎたい」という女性はほとんどいないという。先行投資という考えを理解できず、短期的な視野でしか物事を考えられないため、三カ月スパンの話をしてもそもそも通じない女性が多い。逆に売れている女性を妬んで攻撃するようになる。「自分が売れない原因を外部のせいにするな」と繰り返し伝えても、それを理解できる女性は少ない。

かといって、この仕事を辞めることもできない。時間もお金も管理できず、遅刻や無断欠勤が常態化している女性が、それでもクビにならずに働くことのできる仕事はこうした激安デリヘル以外に無い。

そうした中で、総監督としては全体の一～二割でもいいから稼げるようになってほしい、と考えているそうだ。「私は神様ではないので、在籍女性全員を救おうとは思っていない。ただ、ほとんどの子がダメになる中、ごくたまに勝ち上がってくる子がいる。今まで他店で稼げなかった子が、デッドボールに来たら世界が変わった、ということが起こる。偉そうに聞こえてしまいますが、そういう子のためにやっているのがうちの店、というところはあります」

他店で不採用になり続けた女性、全く稼げなかった女性が、デッドボールで逆転満塁ホームランを放つ。言うなれば「デッドボールドリーム」だ。

総監督は、あくまで「頑張っている女性を支援する」というスタンスを崩さない。「貧困女性のセーフティネットを担っている気はさらさらない。偉そうなことはしていない。きれいごとを言う気もない。ただ、彼女たちを助けたいという気持ちはある。長く働いてくれていたり、お店を好きになってくれる子に対しては、なんとかしたい。外見も、ヘアメイクさんとの会話の中でアドバイスを受けて、ちょっとずつでも改善していってほしい」

それでも生活に困っているから、借金や障害があるからといって、どの女性にも平等にお客様をつけるわけにはいかない。頑張っている女性が我慢を強いられて、頑張っていない女性が稼ぐのはフェアではない。そもそも風俗の世界では、女性は従業員でも公務員でもなく個人事業主なので、皆が同じ報酬というのはあり得ない。

「頑張らない子に対しては、救いの手は差し伸べるけど、無理矢理なんとかしようという気持ちはありません」

†救済としての店外恋愛

デッドボールドリームをつかめなかった大多数の女性たちに、救いの道は残されているのだろうか。一つの道は、男性客との恋愛だ。在籍女性が男性客と恋愛関係になる例は結構あるという。そもそも交際相手を探す目的で利用する客も多く、「店を通さないで、外で直接会わないか」「自分の家に来てほしい」「ご飯を作ってほしい」などと持ち掛けてくる男性もいる。こうした露骨な客に加えて、内心「あわよくば恋愛関係になりたい」と思っている客を含めれば、八割近くの客が恋人探し目的(!)だと推測されるそうだ。

ある女性は、客から「いつか自分が良い男だって分からせてやるから」としつこく言い寄られた経験があるそうだ。ちなみにその客は、彼女に自分が良い男だと分からせる前にNG=指名禁止になった。女性によって態度を変える客も多く、一見内気に見える客、これまで問題なく利用していた客が、若い女性や未経験の新人女性についた途端、人が変わったように問題のある言動を連発することもあるそうだ。

男性客にとって、女性と恋愛関係になった場合、その日を境にして店が「敵」になる。「自分の愛する女性に無理矢理身体を売らせている、許せない奴ら」へと認識が変わるのだろう。女性がスタッフと電話で話しているだけで、嫉妬心に駆られて「お前ら、なんか陰でいやらしいことをしているんだろう」と疑ってかかる男性もいるという。どこからツッコめばいいのか分からないほど滑稽な話だが、男性本人はいたって真剣なのだろう。

男性客との個人情報の交換や恋愛は、店の規則上は当然禁止になっているが、それほど厳しく注意してはいない。付き合うのであれば付き合ってもいい、というスタンスだ。「会いに行けるアイドル」ではないが、「手の届くブス」（総監督談）という存在に惹かれる男性もいるのだろう。もし男性客と恋愛関係になって店を辞めるのであれば、それはそれでOK。それほど目くじらを立ててはいない。ただ、社内恋愛に関しては公然とはOKと言いたくない。店のスタッフが「この子と付き合っちゃいました」と事後報告してくることもあるそうだ。

†本当に「地雷」なのは？

一般に女性とスタッフとの恋愛は長続きするが、女性と男性客との恋愛の場合、すぐに別れて店に戻ってくることが多い。女性を支配・束縛したがる男性、そもそも自分の収入が少ないため女性に養ってもらおうというあくどい魂胆のある男性もいる。都合の良いセフレ作りを目的とした男性も混じっているはずだ。

激安デリヘルに恋人探し目的で通う男性の中から、白馬の王子様のような救世主、敏腕のソーシャルワーカーのような支援者に出会える確率は限りなくゼロに近い。仮に恋愛関係になったとしても、一歩間違えれば、ＤＶや虐待、ストーカーの被害者になってしまうことも懸念される。

店外での個人間の関係になってしまうと、店も女性を守れなくなるため、トラブルが起こった場合のあらゆるリスクは全て女性個人が負うことになる。そう考えると、本当に「地雷」なのは女性ではなく男性客の側なのかもしれない。

もちろん、中には誠実な男性もいる。ある時、統合失調症の在籍女性が失踪し、警察のお世話になる事件が起こった。スウェット一枚、裸足の状態で保護され、店のスタッフが引き取りに行ったものの、「お前の顔は見たくない」とわめき散らして店を飛び出し、再び駅前交番で保護された。最終的には隔離病棟に入院する形になったのだが、その後、ある男性から店に「あの子は出勤していないのですか」という安否確認の電話がかかってきた。事情を聴くと、「実は彼女と交際している者です」と打ち明けてきた。最終的には、その男性が女性を生活保護につなげるための支援者になってくれた。しかし、こうしたケースは非常にまれだという。

結局、自助努力の困難な女性が、自助努力をしないで稼げる仕組み、救われる仕組みを作るのは無理なのではないか。自助努力のできない女性は男性客との恋愛というハイリスクなギャンブルに賭けるしかない。しかし指名が取れなければ、それすらも難しい。

病気や障害、生育環境や経済上の問題で頑張れない＝自助努力ができないがゆえに地雷専門店にたどり着いた女性に求められるものは、結局自助努力しかないという残酷な現実がある。彼女たちを共助や公助から疎外し、自助努力もできないほどに壊れ果てた「地雷」へと追いやったのは、他の誰でもない、私たちの社会であるにもかかわらず、だ。

†限りなくソーシャルワークに近い風俗

まとめよう。「デブ・ブス・ババア」を売りにする地雷専門店は、私が書評で批判した通り、その表面だけを見ると、極めて差別的・反社会的なビジネスに見える。しかしその実態は、限りなくソーシャルワークに近い風俗、もしくは限りなく風俗に近いソーシャルワークだった。つまり、問題を抱えた女性のニーズを、社会福祉制度上のフォーマルな手段で解決しようとするとソーシャルワークになり、セミフォーマル、あるいはインフォーマルな手段で解決しようとすると地雷専門店になる、というわけだ。両者は同じコインの裏表に過ぎない。

容姿や年齢の面でハンディを抱えた女性が風俗の世界で稼ぐためには、男性性の持つ汚い部分＝女性差別やミソジニー（女性嫌悪）、支配欲求や自己承認欲求、性感染症に対する無知・無理解などを逆手にとって利用しないと稼げない。

ゆえに、女性を本当に稼がせようと考えるのであれば、地雷専門店という一見差別的・反社会的な形を取らざるを得なくなる。親身になって女性の立場に立てば立つほど、彼女たちの複雑なニーズに応えれば応えるほど、女性個人を貶める形、女性個人をリスクの矢面にさらす形を取らざるを得なくなる、というジレンマ。これを「デッドボールのジレンマ」と呼ぼう。

地雷専門店は、確かに女性が貧困から抜け出すための方程式の解の一つになり得る。これ以外に、多元連立方程式のように複雑な風俗の世界で、彼女たちが稼ぐため、救われるための解は、おそらく無い。しかしこの解は極めて分かりにくく、社会的にも許容されにくい。内情を知らない人から見れば、前章で紹介したサンキューもデッドボールも、全く同じに見えるだろう。

†支援と搾取の境界線

複雑な社会の中で発生する複雑な問題に対しては、処方箋も複雑にならざるを得ない。しかし複雑になればなるほど、建前と本音を使い分ければ分けるほど、社会的には理解されなくなり、誤解やバッシング、場合によっては警察の摘発を受けるリスクが増す。

総監督は、在籍女性が生活保護を受給する際、あるいは警察のお世話になった際に、身元引受人になったことがある。泊まる場所の無い女性が店の待機部屋に宿泊することについても、「こういう事情の女性をいっぱい抱えているから」と警察には説明済みだ。法的にも特に問題はない。

しかし、「困窮している女性の支援をしてもいいけど、それが支援ではなくなる境界線があるから、それはあなたが見極めなさい」と警察に言われたという。確かに、地雷専門店で待機部屋に寝泊まりさせながら貧困女性を働かせることは、一歩間違えれば「支援」ではなくて「搾取」と受け取られてしまうリスクがある。

支援と搾取の境界線がどこに引かれるのかは、常に非当事者によって事後的に決定される。デッドボールが取材や批判に対してオープンなスタイルを取っているのは、あえて社会の目にさらされることで、この境界線を見失わないように自衛しているからなのかもしれない。

これまでの章で見てきた通り、風俗の世界で起こっている問題は決して特殊な問題ではなく、私たちの社会に溢れている凡庸な、だが解決困難な問題の反映にすぎない。そう考えると、風俗の世界で起こっている問題は、風俗の世界の中だけでは解決できない。風俗の世界の論理や常識だけで問題を解決しようとする者は、例外なくこの「デッドボールのジレンマ」に巻き込まれ、支援と搾取の境界線上で、バランスを崩さないように危うい綱渡りのダンスを踊り続ける羽目になってしまう。

このジレンマを克服するためには、果たして何が必要なのだろうか。次章では、四〇代以上の中高年女性が働く「熟女専門店」経営者へのインタビューを通して、このジレンマを解決するヒントを模索してみたい。

証言　歌舞伎町とまちづくり

東京五輪の開催決定により、新宿・歌舞伎町をはじめとする都内の繁華街では、五輪が業界に与える影響について様々な憶測や意見が飛び交っている。

確かにこれまでの歴史を紐解けば、繁華街や風俗の世界は五輪や万博などの国際的なイベントの影響を強く受けてきた。一九七二年の札幌五輪によって札幌の繁華街・すすきのが発展した事例もあれば、一九九〇年の大阪花博によって府内のソープランドが全て廃業に追い込まれる事例もあった。

今回の二〇二〇年の東京五輪でも、「浄化の名の下に、歌舞伎町や吉原に対して何らかの規制や摘発の強化が行われるのでは」と考える人もいれば、「都知事が変わらない限り、目新しいことは特に何も起こらないだろう」という意見の人もいる。一方、「外国人観光客向けに業界はサービス対応を整えるべきだ」と主張する人もいる。

そこで、来るべき東京五輪に向けて、歌舞伎町のまちづくりを担う立場にあるジャーナリストの寺谷公一さん（歌舞伎町コンシェルジュ委員会運営事務局）に話をうかがった。

†歌舞伎町をリスクマネジメントする方法

「東洋一の繁華街」と呼ばれる歌舞伎町。目の眩むようなネオンの光と雑踏の中で、立ち並ぶ雑居ビルに密集している無数の飲食店や風俗店のうち、どこが安全でどこが危険なのか、初めて街を訪れた人が判別することはほぼ不可能だ。それだけでなく、どこの店が黒（反社会的勢力）でどこの店が白なのか、もしくはどちらでもないグレーなのかも見分けるのは困難である。

地元の行政や商店街振興組合は、多くの観光客に歌舞伎町を訪れてほしいと願っている一方で、観光客に黒い資本の店を紹介してしまい、その結果ぼったくりなどのトラブルが発生してニュース沙汰になってしまうことは避けたいとも考えている。

歌舞伎町には様々な同業組合があるが、各店舗の安全性、及び反社会的勢力との関わりをどう判別するかという問題に対して、いずれも組織として公式に責任を取れないため、街の観光案内を作りたくてもなかなか着手することができなかったという。

そこで寺谷さんは、「歌舞伎町コンシェルジュ委員会」という中間団体をつくり、トラブルなどの責任の所在を明らかにした。問題が起こった際に、地元の行政や同業組合が責任を取らなくても済むようにしたわけだ。

それによって観光案内にお金が出ることになり、歌舞伎町コンシェルジュ委員会・歌舞伎町商店街振興組合公式の歌舞伎町完全ガイドブック『LIKE! KABUKICHO』を発行（日本語版と英語版を合わせて八万部）することができた。

ガイドブックは寺谷さんの責任の下で作っており、寺谷さんが個人的に知っているお店を載せている。一見、単なる公私混同に思えるかもしれない。しかし寺谷さんによれば、それが一番安全だという。

歌舞伎町では、ある店が「安全か否か」の判断基準は、その店自体や業種ではなく「人」によって決まる、と寺谷さんは語る。

「歌舞伎町では、良いものも、悪いものも、危ないものも、全部人についている。お店にヤクザがついているわけではなく、人についている。だから特定の人とのつながりだけでカバーできることもあるし、特定の人を知らなければ潜り込まれることもある。全て人との関係でコントロールできる。

ガイドブックにはキャバクラとホストクラブが出ています。キャバクラの経営者もホストクラブの経営者も、過去には色々ありました。色々無いわけがないんですよ。でも、その色々あったことを僕は全部聞いている。きちんとカミングアウトしてくれる。だから信用できる。一〇年くらいお店をやっていて経営も安定していれば、安心できるところだよね、となる。

そう考えるとキャバクラや風俗店は実は見やすい。逆に分からないのが飲食店。色々なカモフラージュがあって、実は飲食店が一番見えにくい。風俗は意外と白いんですよ」

†死人が出る前に、ぼったくりを不活性化させろ

店の紹介に関して中間団体が責任を取る仕組みを作ったことにより、歌舞伎町を訪れる観光客に対して安全な遊び場・遊び方の情報を提供することは可能になった。しかし、ぼったくりや反社会的勢力などの歌舞伎町に内在しているリスク自体は、減ったわけでも無くなったわけでもない。そうしたリスクに対して、歌舞伎町コンシェル

ジュ委員会はどのように対応しているのだろうか。

「今年の一月以降、ぼったくりが非常に増えました。被害額は一人五〇万円くらい。五人であれば二五〇万になります。性風俗系のぼったくりもあるのですがキャバクラ系が多い。これまでに一五〇〇件発生していて、一人五〇万としても合計被害額は七億。

ぼったくりに関しては、コンシェルジュ委員会でホテルと情報を共有しています。すぐに名前が変わるぼったくり店を逐一ホテルに覚えさせてもしょうがないので、ぼったくり店の集中している特定のビルをマークして、そのビル自体にお客さんを送らないようにしましょう、というやり方です。

東京五輪で歌舞伎町の未来はどうなるか。個人的には、どうにもならないでほしい。どうにもならないようにするためにぼったくり対策をやっているんです。このまま現状を放っておいたら、死人が出ると思っていたんですよ。一人が死ぬと、ぼったくり店だけでなく歌舞伎町の店全てが対象になって浄化作戦が始まってしまう。死人が出る前にぼったくりを不活性化させないといけない」

東京五輪と風俗に関するもう一つのトピックは、外国人観光客への対応だ。多くの外国人観光客が訪れるスポットになっている歌舞伎町は、彼らに対してどのような姿勢をとるつもりなのだろうか。

「歌舞伎町は、実は観光地じゃない。ほとんどの性風俗店は外国人を受け入れていません。うちでやっているホームページでも、ソープランドをどういうカテゴリーで表現・紹介しようかと悩みました。

その中で、今年に入ってから外国人を入れようかなというソープが出てきた。もう既に入れているところもある。近々入れるところもある。外国人専門のソープをつくったらどうか、という話もある。それはさすがに目立ちすぎるのでやめたほうがいいと思いますが、外国人のお客さんはもういっぱい来ちゃっているんですよね。

受け皿が無いと悪質な店にぼったくられてしまい、歌舞伎町の悪評が世界に発信されてしまう。だったら答えを用意するべき。

外国人客を入れている歌舞伎町のあるソープでは、サービスの前に覚書を取っています。『必ず女の子とコミュニケーションを取ってくださいʼ』などの条件を書いたA4一枚の紙にサインしてもらう。コミュニケーションができず、ただ無言でやるとなると客をつけにくい。感染症の問題もある。外国人観光客とその受け皿をどうコントロールするかが、今後繁華街の中で性風俗が生き残っていくための課題になります」

†全てはリスクの分散と回避のため

歌舞伎町では、一人の客が飲む一杯の酒の背景に、店舗だけではなく、客引き、案内所、スカウト、不動産関係の管理会社や名義貸しのブローカーなど、大勢の人や組織が関わって少しずつ利益を分け合っているという、独自の生態系のような構造がある。

寺谷さんによれば、こうした複雑な構造はリスク回避を目的にして事後的に出来上がったものだという。例えばビルオーナーは、自分のビルに違法な店舗が入ってしまうリスクを避けたいと考える。しかし、現実的にリスクをゼロにすることはできないので、仮に違法な店舗を入れてしまった場合、貸主としては「知らなかったこと」にして責任を回避したい。そこに名義貸しのブローカーが介在する余地が生じるわけだ。

繁華街という環境で商売をするリスクとどう向き合うかを突き詰めた結果、大勢の人や組織を関わらせることによって、営業によって生じる利益とリスクを分散させる形になったというわけだ。風俗の世界が見えにくく、分かりにくい多面体の世界であるのも、これと全く同じ理由があるだろう。

「商売はしたいけれども顔は出したくないビルオーナーや店舗の経営者は、風俗という商売があえて世間から見えなくなるようにしている」と寺谷さんは言う。店舗型風俗の衰退と、それに伴う無店舗型化の進展によって、風俗はますます見えにくくなった。リスクを分散・回避したいビルオーナーや経営者にとっては好都合かもしれないが、過度の不可視化は、この世界で働く当事者のリスクをも不可視化させてしまう。

「僕は、平成一〇年の風営法改正でデリヘルを認めたのは大失敗だと思っている。働く女性の環境も悪化した。無店舗型と言っても、結局レンタルルームを丸ごと借りて営業しているようなところもある。だったら店舗型を認めてあげればいい。でもそれをやるには、法律を変える必要がある。働く女性の安全面を考えると店舗型が一番です。ただ、現行法では既存店舗の改築すらできない」

†「お客さんに嫌な思いをさせない」ために

テレビや新聞の報道では歌舞伎町のぼったくり事件だけが取り上げられるが、実は歌舞伎町と同じくらいの数の事件が、新橋や池袋、赤羽や六本木といった都内の他の繁華街でも起こっているという。しかし、それらの繁華街で起こった事件はニュースにならない。ニュースバリューが全く違うからだ。

歌舞伎町で起きていることが歌舞伎町で「しか」起きていないように思われても、それは歌舞伎町の宿命だから仕方がないのかもしれない。「歌舞伎町は、そういう業を担った街だから」と寺谷さんは語る。

「歌舞伎町には約六〇〇のビルがありますが、その中でぼったくりのビルは三〇位。全体の五%なので、パーセンテージとしてはたいしたことはない。

でも歌舞伎町にいる限り、ぼったくりはまだ可視化できるんです。少なくとも僕には見えている。でも、赤羽や新橋に飛ぶと見えなくなる。『見える』街で起こる方が、『見えない』街で起こるよりもまだコントロールできる。

歌舞伎町の中には、不良もぼったくりも、反社（反社会的勢力）も半グレ（暴力団に所属せず犯罪を繰り返す集団）もいても構わない。ただ悪さはしにくいようにする。でもあまりにも悪さがしにくくなると、他の街に行ってしまう。それをどう止めるかは難しい。あまり可視化しすぎないようにしてあげないといけない。僕の印象では、性風俗業界も可視化を求めているようには見えない。

ちなみに安全を担保することと可視化は別問題です。可視化されたから安全になるわけではないし、不可視化されたからといって危険になるわけでもない」

歌舞伎町に限らず、可視化と不可視化のバランスをどう取っていくかは、夜の世界全般に当てはまる課題だろう。グレーな領域での難しいかじ取りが求められる中、夜の世界が昼の世界と共存していくための着地点はどこになるのだろうか。

「五〇万円のボッタくりはダメです。洒落にならない。でも一〇万円以下だったらいいのかもしれない。五万円くらいだったら、何カ月かすれば『いや〜、ぼられちゃったよ』と話のネタになるかもしれない。

でも取り締まる側がそれを言ってしまうと、街のバランスは取れなくなってしまう。『ぼったくりは絶対許さない』『違法な性風俗や客引きを無くします』と言い続けないとバランスが取れない。もちろん、バランスは取れても、ぼったくりや客引きは無くなりはしない。逆に言うと、ぼったくりや客引きがあるからコンシェルジュ委員会が成立しているとも言える。

歌舞伎町に限りませんが、ぼったくりや裏カジノは街の資源の一部でもあったりします。街に関わっている人全員のコンセンサスをとれるワードは何かと言えば、『お客さんに嫌な思いをさせない』の一言に尽きる。それが守れるのであれば、本当はドアの中で何をやろうがいい。

ただ今の時代、さすがにそれは大声で言えないので、その正解を先に言うのではなくて、バランスを取りながら、ぼったくりに対してはちょっと強めの取締りをやり続けなければならない。そうした中で落としどころを見つける。僕たちはそういう風に歌舞伎町をコントロールしようとしています」

歌舞伎町コンシェルジュ委員会の事例を通して見てきた通り、白と黒、そして灰色の入り混じった風俗の世界の課題を解決する仕組みを作るためには、「レッテルを貼って叩くだけ」という旧態依然としたアプローチでは、もはや何も解決できないことは明白だ。

ホワイトになりえない領域を無理にホワイトにしようとしない現実主義と、ブラックな領域をブラックなまま放置・黙認することを許さない理想主義を併せ持った「グレーな理性」を保ち続けること。これが、夜の世界のまちづくりに関わるための最低限の条件なのかもしれない。

第五章

熟女の・熟女による・熟女のためのお店とは？

待ち合わせ場所である池袋北口改札前の喫茶店に、後藤さん（四七歳）は約束の時間通りにパリッとしたスーツ姿で現れた。整えられた髪型と眼鏡、柔らかい物腰と礼儀正しい態度も相まって、法人営業担当の銀行員のような印象を受ける。しかし、後藤さんの職業は銀行員ではない。都内と関西に複数の店舗を展開している熟女専門の風俗店「おかあさん」グループを運営する株式会社の代表取締役だ。

おかあさんグループでは、熟女と呼ばれる四〇～七〇代の中高年女性が、全店舗を合わせると数百名在籍している。

「地域で一番の熟女系優良風俗店を目指す」というミッションの下、同グループでは、男性客が利用しやすく女性が働きやすい店を目指して、様々な先駆的な試みを行っている。

性感染症のリスクを気にする男性客や女性のために、業界では異例の粘膜接触の無い「安心コース（プレイ中のコンドーム完全着用＋ディープキス無し）」を用意している。店舗を通して性感染症の検査を受けた男性客には、検査日から三カ月間利用料金を割引するという徹底ぶりだ。女性をトラブルから守るため、出勤する女性にＧＰＳ付き警報ボタンを持たせるという安全策も講じている。

こうした社会性のある営業姿勢が評判を呼び、女性の貧困問題を扱ったＮＨＫの福祉番組「ハートネットＴＶ」内で、同グループで働く四〇代シングルマザーの姿が放送されたこともある。

これまでの章で見てきた母乳専門店や地雷専門店のように、熟女専門店も何らかの生活上の困難を抱えた中高年女性が集まってくる世界だ。当然ながら、肉体的な若さと美貌が売りになる風俗の世界では、中高年女性は圧倒的に不利な存在である。しかし、そうした女性たちを「活用」して、女性たちの生活と安全も意識しながらきちんと利益を出している風俗店は存在する。

熟女専門の優良風俗店の現場から、年齢的・身体的なハンディを抱えた女性が風俗の世界で安全に働くための処方箋、そして第四章で明らかにした「デッドボールのジレンマ」を克服するためのヒントを見いだせるかもしれない。そう考えた私は、代表取締役の後藤さんに取材を申し込んだ。突然の不躾な依頼にもかかわらず、後藤さんは終始快く応じてくださった。

†「女は五二から」

取材に伺った「おかあさん」池袋店の在籍女性は九二名で、平均年齢は五二歳。現在の客層は、新規一割、指名三割、不特定多数の女性を指名するリピーターが六割だそうだ。

利用料金は六〇分一万円から。そのうち女性のバック（取り分）は五五〇〇円だ。ランカー（指名ランキング上位に入る女性）のうち、最も稼ぐ女性は毎月六〇〜七〇本の指名を取る。指名賞金を足せば月収七〇万くらいになるそうだ。経営者でも高度専門職でもない五〇代の女性が月収七〇万を稼げる仕事は、今の社会にはほとんど存在しないだろう。

「ランカーに入っている子は五〇代が多く、四〇代はいません。五〇代半ばの子が一番売れる。熟女専門という店のコンセプトはお客様に伝わっていると思います」

五〇歳を過ぎた女性を「あの子」「この子たち」と呼ぶ後藤さんの口調が印象的だった。

「僕の持論では『女は五二から』なんです。女性は五〇代になると更年期の症状が出て、閉経も近づく。ほうれい線も出てきて、おっぱいも垂れて、妊娠線もある。女の灯がカウントダウンで消えゆく最中に、女を求めてくる。こんなことをするなんてはしたない、恥ずかしい……と思っている普通の人妻が、ベッドでは獣になる。このシチュエーションが一番刺激的なので、男性はハマるんですね」

二〇代ならともかく、体力の落ちた五〇代の女性が毎月六〇〜七〇人近い男性の接客をするとなると、果たして体力的に持つのだろうか。

「身体の弱い子は、一日二本が限界です。ただ、人気のある女性は指名の半分がデートコース（男性客と一緒に散歩や食事をするコース）です。メインの昼職があって、身だしなみもちゃんとしていて、週に二回夜だけ出勤する子は七〜八割の指名率です。

ある人気の子は、『出勤一週間前の昼一時に、電話での予約受付開始』と決めています。同時刻にお客様からの電話が殺到するので、予約できるか否かは数秒の差で決まる。『同じ時間に電話したのに、なぜ予約できないんだ』と言われることもあります」

応募女性の実像

応募女性の傾向は三パターンある。

一つ目は、若い頃からこの業界にいる経験者の女性。

二つ目は、途中から業界に入り、パートナーができた後も働き続けている女性。

三つ目は、全くの業界未経験者。夫と別れてしまった、あるいは別れる準備をするため、離婚資金を稼ぐために入ってくる女性。三つ目の女性が一番売れるそうだ。

当初は五〇〜六〇代の女性からの応募が多かったが、この二〜三年、応募女性の半数以上は四〇代だという。既婚者は少なく、ほとんどが独身の一人暮らし。

女性の応募ルートはホームページや求人サイト。五〇〜六〇代の応募もネット経由だという。一方、全くの未経験の女性は紙媒体の求人誌からの応募が多い。他の店の待機場にいる時にスマホで求人を見たという女性よりは、街で配っているティッシュや無料の求人情報誌を見て応募したという女性の方が未経験率が高い＝売れることが多い。

「面接の時に、破れてクシャクシャになった半年前の求人誌のページを握りしめてくる女性もいました。迷って、迷って、一度電話して、やっぱり応募できなかった……とか。ためらい傷ではないですが、迷いますよね」

応募女性の八割以上は業界経験者で、未経験者は一割以下。人妻店の女性が稼げなくなって熟女店に流入してくることが多い。そうした女性は、なぜ自分が稼げないかが分かっておらず、自己分析や自己改善ができないことが多いそうだ。また精神安定剤や睡眠薬などの薬を服用している女性は、見て分かる範囲では全体の三割。半数以上の女性はメンタル面に何らかの問題を抱えている。

「そうした女性に対しては、まず一つでいいから成功体験を作ってもらう。極端なことを言えば時間を守るだけでもいい。最も敷居の低い課題を一つだけ守ってもらって、それが実現できた後に課題を一つ一つ足していく。

彼女たちは今までの人生でたくさん失敗してきているので、自分のダメさ加減は本人が一番良く分かっている。でもそれを言いたくないし、見せたくない。この業界の女性は、男性スタッフを『私たちがいるから食えているくせに』と見下していますから。でも、その強がりの裏にはダメな自分、逃げている自分がいる。

そこで『だから私はダメだったんだ』という欠点をきちんと自己認識して頑張ると、どうしようもないドベの子でもランカーに入ることがある。そういう経験はたくさんしました」

店に入ったばかりの女性は、当然だが店に対する信頼は無い。だから面接の際には、場合によっては二〜三時間かけて、今の生活状態、家賃・光熱費などの家計、今後のことまで全部話し合う。「なぜ電気代に三万円もかかるのか」まで聞き出す。「実は子どもがひきこもっていて一日中エアコンを使っている」という答えが返ってくると、「ではなぜ子どもさんを仕事に行かせられないのか」と尋ねる。「携帯ゲームに月三万円払っています」という女性には「やめなさい」と説得する。「お金無いけど、タバコはたくさん吸っています」という女性には「では一日一箱にしましょう」と指導する。女性の債務整理の手伝いや市役所への同伴もしたことがある。

風俗で働く手前の段階で自分の生活を律せないと、いくら稼いでも人生が前に進まない。「この業界で働くことで彼女たちの人生を少しでも前に進めたい」という後藤さん。彼のやっていることは、生活困窮者に対する自立支援事業と似ている。しかし、どれだけ親身になって支援したとしても、大半の中高年女性は現状から抜け出せない。

†熟女はいくら稼げるのか

おかあさんで働く女性の平均在籍期間は長い。全体の三〜四割が三年以上働いている。専業よりも、他の仕事やパート・アルバイトとの兼業が多いそうだ。

女性の一日の平均接客数は、一、二名。一回のバックが五五〇〇円なので、一日働いても手取り一万円前後。二〇日で二〇万。そう考えると、兼業の方がメリットは大きい。専業にするならば、妥協せずに自分のスキルを磨いて一日一〇時間は待機しないと、月収五〇万を超えるのは難しいという。ランカーの女性は基本専業だそうだ。

ただ、専業でも三〜四年働いていると売れなくなってくる。そこからパートに行き始めた女性も多い。朝、ビルの清掃の仕事に行ってから店に来る女性もいる。

「お客様は『風俗らしくない出会いとときめき感』を求めている。イメージとしては、白昼の疑似不倫です。女性の服は全て私服なので、できるだけ風俗っぽい服装をしないよう指導しています。

こうした背景があるので、専業の子より他に仕事を持っている兼業の子の方が売れます。出勤数が少ないというレア感もありますが、兼業の子は働いてお金をもらうことの意味を分かっている。それが分かっていないと、お客様の払う一万円の価値が分からない。『これだけやっても一万円なの？』という傲慢な気持ちになってしまう」

熟女には「村」が必要

在籍女性には「放っておいても稼ぐランカー」「何かが足りず、今一つ売れない中間層」「どうしようもない子たち」の三階層がある。売上を伸ばすためには中間層を押し上げていくことが大事だが、そのためにはどうしようもない子たちの面倒を一生懸命見ないとダメだという。

もちろん、どうしようもない子たちは、結局は辞めていく。しかし最初から干したり諦めたりせずに、彼女たちを何とかしてあげようと努力すると、それが結果的に中間層の押上げにもつながる。ランカーの子たちも妬まない。

「普通の店はランカーをちやほやして下の子には冷たくする。そうすると全員が妬み合うことになる。逆にしておくと誰も妬まない。手間がかかって大変ですが、下の子を切り捨てることはしない。よっぽどの違反が無い限りとことん付き合います」

以前、女性によって価格を変える差別化をしていた店舗があった。女性をシステマティックに管理してイベントもたくさん打っていたのだが、結局売上は伸びなかった。

「若い女性は割り切った方が管理しやすいですが、熟女は割り切れない。割り切ると逆に大きい店になれない。どうしようもない子の面倒を見るのはコスパが悪いので、内勤の若い男性スタッフは面倒くさがります。でも、ビジネスライクなだけでは売上も伸びない。

おかあさんでは、バック率は全員平等です。その代り指名の本数や勤怠の結果に応じて報酬を出すようにしています。女性たちの間で妬みが起こると接客も荒れるし、在籍数も減る。最低限、妬まれないやり方にしないといけません」

熟女には「村」が必要だ、と後藤さんは語る。この仕事は待機場で座って爪を噛んでいる時間が長い。携帯ゲームをするか、人の悪口を言うか、タバコを吸うかしかない。

そうした中でも、待機場が居心地の良いコミュニティ＝「村」になっていれば、「今日は仕事に行きたくないけど、皆がいるから行こうか」と思える。悩みも言い合える。女性間の交流やつながりがあるからこそ、出勤率は安定する。「村」があったからこそ、おかあさんの在籍人数は増えたし、出勤率は約四割台をキープできているという。

「他の店は出勤率が二十数％で、何年営業しても伸びないところが多い。話を聞くと、やっぱり個人待機で『村』が無い。おかあさんは基本的に集団待機です。コスト面の理由もありますが、同じお店の看板の下で働く女性たちとの人間関係すらうまく作れない子は、お客様にも対応できない」

†熟女に抱かれたい男性客の気持ち

熟女店のヘビーユーザーは四〇～五〇代の男性。仕事と家庭はあるが年収は四〇〇万円前後で遊ぶ金は無い。それでもどこかで自分をさらけ出したい……と望む中年男性に場所と機会を提供するのが熟女店の使命だ。

「お客様には子どもに戻った気持ちで『おかあさん』と呼んでほしい。平仮名表記にしたのもそのためです」と後藤さんは語る。

特に関東圏は一八歳で地方から上京してそのまま就職した男性が多いので、人生の半分以上の時間、母親と接していない。下手をしたら年に一度も実家に帰らない。そうした男性に、ふっと母親を思い出してほしいそうだ。

女性に対しては「テクニックは無くてもいいし、時間内に抜けなくてもいい。お客様をしっかり触って、いっぱい抱いてください」と指導している。約三割の男性客は、最後は自分の手で抜くという。「抜かなくていいから、ぎゅっと抱きしめてほしい」という人や「性機能に自信がなくて脱ぐのが恥ずかしいから、パンツをはいたまま抱き合いたい」という人もいる。

また熟女好きの男性には、きれいな女性よりも大柄な女性が好きな人がいる。子どもの時は母が大きく見える。胸やお尻の大きい大柄の女性に抱かれることで、縮尺的にも子どもに戻れるのだという。

一方、母性を売るがゆえのトラブルもある。ランカーの人気女性を三年間、四〇回以上指名しているヘビーユーザーの男性客が、ある日のプレイ後に「なんとか本番できないか」と懇願してきた。返答に悩んだその女性は、後藤さんに相談してきたという。

「そこで僕がそのお客様に直に会いに行きました。三〇過ぎのイケメン好青年でした。話を聞くと彼には母親がおらず、この三年間で彼女を母と思い込んでしまった。しかも毎回肌を合わせているから、母としてだけでなく女としても意識している。『本番要求をしてしまうと、もう彼女と会えなくなりますよ』と私が説明したら、『分かりました』とその場は納得してくれた。その後、彼から一、二回指名があったのですが、どうしても『なんとか本番できないか』と言ってしまう。結局彼は指名NGになってしまいました」

また以前、三三歳の男性客が六一歳の女性に求婚したこともあった。その時は女性がきっぱりと断ったのだが、そう言われると男は余計に入れ込んでしまう。

「それこそお母さんって『叱ってくれる』存在じゃないですか。ちやほやするだけではなく、たまに叱ると男性は感動する。ほめても、叱っても、何やってもついてきてしまう。最終的には指名NGを出すか、女性が引退するしかない。この世界では、どんなに気に入った子もいつかは消えていきます。そこをお客様も認識して頂ければ有難いのですが」

風俗店の経営者としては珍しく、後藤さんは男性客と直に会って話し合ったり、飲むこともあるそうだ。

「出張で東京に来る男性は、営業で一日中働いて、ビジネスホテルの部屋に帰ってから、今日一日、一言も自分の本音を話していないことにカップラーメンを食べながら気づくそうです。

そういう時に、全くしがらみのない相手だったら本音が出せる。しかもお金を出しているから精神的にも割り切れる。そうした空間は風俗しかない。愚痴も寝言も言えるし、女々しいことを言っても恥ずかしくない。お互いパンツをおろしているんだから」

おかあさんには何でも言える。裸の赤ん坊になって甘えられる。「母であり女でもある女性」は強い。「この部分が、熟女店の一番の肝です」と後藤さんは力説する。

†古本業界から風俗業界へ

後藤さんの前職は古本を扱う書店の社員だった。古本業界は、一律価格での大量仕入れ・大量販売を行うブックオフの登場やネットオークションの普及により、競争と淘汰が激化。後藤さんの会社は大手が扱えない本を扱おうと、若い女性向けの同人誌販売に特化。二〇〜三〇代の頃は、女性客やスタッフとのやりとりができたが、四〇代近くになって女性向け同人誌の店長を続けるのは年齢的にも厳しかった。

また古本販売は仕入れ値や利益率といった数字と格闘しなければいけないシビアなビジネスだが、純粋に本が好きで入社した若い社員に細かい数字の話をしても反発を招くだけだった。結局、若手社員からクーデターを起こされて左遷になり、それをきっかけに退社。四〇歳の男性が再就職先を見つけることは困難だ。古本のネット通販会社を作ったものの失敗し、数百万円の借金が残った。退職金と保険の積み立てで多少の貯蓄はあったが、生活費で全て消えてしまった。

そうした苦境の中で、後藤さんは風俗業界の門を叩いた。大阪で働いていた時に通っていた風俗店で指名していた女性から今の恩師を紹介され、「困っているなら東京においで。うちの店で働きなさい」と言われて上京した。

当時、おかあさんは池袋の一店舗のみだった。お金も何も無い状態だったが、後藤さん自身、根っからの熟女好きだったのも幸いして、店の運営に集中することができた。三カ月修行した後、その店の店長が辞任。恩師から「会社ごとあげるからやってみなさい」と言われて、業界に入ってわずか半年で、おかあさんを運営する株式会社の社長に就任した。

†ニーズを掘り起こす

後藤さんが社長に就任した当時、池袋店の売上げは月一〇〇万程度しかなかった。一日の売上も三〜五万程度。これでは店長の給料も上がらない。後藤さんは数学科の出身だったので、この業界に入ってすぐ「客単価や回転率より、女性の登録数が重要」という事実に気がついた。そこでまず在籍女性を増やした。目標は一〇〇人。

「登録女性を増やせば増やすほど利益が出る。女性の数は一〇〇人でも五〇〇人でも部屋の固定経費は変わらない。待機部屋一室で三〇人の在籍女性を抱えられる。出勤率が三〇％として、一日に一〇人出勤して一人一回ずつ仕事に行ってくれれば、お店には五〜一〇万円利益が上がる。一カ月では三〇〇万円。部屋代一〇万で毎月三〇〇万の利益が見込める商売はそうない」

採用に関しては、まともな会話ができない、歯が無い、明らかに障害があるなどの女性を除いて、基本的には全員採用することにした。前の店長はこだわりがあって、若くてきれいな「いい女」を集めようとしてしまった。おかあさんは熟女店なので、いい女を集めようとするのはそもそも無理な話だ。そういう女性は、二〇代後半から三〇代の女性を扱う人妻店に行く。後藤さんは、「四〇歳以上で、生活や人生に困ってやって来る女性たちのための店」というコンセプトを掲げた。

後藤さんが業界に入った頃、池袋に約二〇〇件ある風俗店のうち熟女専門店は五店舗しかなかったという。それから世間的にも熟女がブームになり、一部の芸能人は熟女好きを公言するようになった。

「熟女に対する男性のニーズを掘り起こしたんです。世間の男性が熟女好きを公言できるようになり、店舗も増えた。しかも熟女店は安い。多くの男性は元々年上好きの傾向を持っているはずです。一回り上は抵抗があっても、七〜一〇歳弱の年上女性を一度経験すると、価値観の変わる人は少なくないはず」

おかあさんのホームページは、コンプレックスで女性とうまく向き合えない男性向けに作り込んでいる。デザインも「黒と赤を使わない」「画面をギラギラさせない」「女性にアクセサリーをつけない」「ビッチ感を出さない」などの工夫をしている。

風俗に興味はあるけど怖い、という男性たちが安心して電話できる「問い合わせしやすい風俗店」を目指して、嘘をつかない、ごまかさない、無理矢理女性を勧めない、写真も加工しないことを徹底している。

†「女を抱く場所ではなく、女に抱かれに行く場所」

後藤さんがこの業界に入った頃から比べると、今では熟女店も飽和状態だ。他店との差別化のために、おかあさんではどのような工夫をしているのだろうか。

「池袋は激戦区なので、ただ女を抱きに行って一発抜くだけの店ではダメです。接客マニュアルでは、メンタル面でのコンセプトをしっかり女性に教えています。大切なのは皆がちゃんとできるサービスで運営すること。この子だけできる、あの子だけ稼げる、という形にはしない。根元の層を安定させるために、皆ができることを基準にしてマニュアルをつくっています。この業界はどうしても上位の女性に基準を合わせてしまう。あれもできます、これもできます、オプションも無料にします……といった具合に。でも、そうするとついていけない女性が増えます」

女性個人の魅力やスキルに依存した集客ではなく、店全体の標準化したサービスのクオリティによる集客を実現していく必要があるのは、まぎれもない事実だろう。

「ベッドのテクニックは無くてもいい。オーラルの経験は無くても構わない。接客で求められる最低ラインは、お客様に対して、疲れて帰ってきた旦那様をお迎えする気持ちで接すること。コンセプトとして分かりやすいし、伝わりやすい。

これをベースにすれば、シャワーやプレイの順番が少々逆になろうが問題ない。インコール（サービス開始の電話報告）とアウトコール（サービス終了の電話報告）、お金を頂く流れをきちんとしてもらえればいい。ベッドは個性なので、細かい指示はしていません。マニュアルで画一化して、皆同じ流れになってしまうとつまらない。

サービスが終わった後は余韻を残すことが大切です。熟女店は、男が女を抱く場所ではなく、男が女に抱かれに行く場所。プレイ後にお客様が『俺、何やっているんだろう……』と思ってしまう賢者タイムの時に、お客様の頭をちゃんと抱いてあげる。射精した後の虚しい気持ちを抱きかかえてあげる。そうすると余韻が残ってリピートにつながります」

熟女のリスク管理

性感染症に関しては、サービス前のイソジン（うがい薬）とグリース（殺菌石鹸）の使用を徹底している。性病検査の実施率は一〇〇％を目指しているが、「面倒臭い」「お金がかかるのが嫌だ」「検査結果を見るのが怖い」といった女性側の拒否や抵抗が根強く、なかなか達成できない。サイト上の女性の紹介ページに検査履歴を載せるようにしたが、それでも一〇〇%にならないので、「お金は後でいいから」「分割払いでもいいから」と検査キットを先渡しにする形にした。

サービステクニックの有無がリスク管理に関わることもある。全くの未経験の女性に対しては、男性スタッフが最初のお客様になって、既定の報酬を渡した上で講習をしている。講習の際、男性スタッフが射精してしまうと、個人的な趣味もしくはセクハラになってしまうので絶対に射精しないようにしているそうだ。

ただし、口内発射の経験が一回も無い女性に対しては、講習で実際に経験してもらう。最初の頃、講習をせずに口頭だけでプレイの内容を教えた女性が、いざ接客になったら「やっぱり無理です」と泣きの電話をかけてきたことがあった。それ以降、一回も経験が無い女性は、講習で一回は口で受ける練習をしてもらう。

もちろん、一回の実地講習をしただけでうまくできるわけがない。実は、教えているのはテクニックではなく危機管理なのだ。口内発射は無料オプションなので、それができないと「じゃあ本番させてくれよ」と言われてしまう。口で逃げないと女性のリスクが上がる。

また、男性客からの本番要求に対しては、本音と建て前を見分けることを指導している。

「本番できないのか」とか「エッチさせて」と聞いてくる男性は、強要したいわけではなく、単に口で言ってみたいだけ。

店外デートの誘いも同様だという。確かに実際のデートは面倒臭いし、ホテル代が安いことで有名な池袋の風俗店、それも六〇分一万円の店に来るような男性の大半は、女性と店外デートをできるだけの時間もお金も無いはずだ。男の面子を保ってあげることが、サービス料に入っているのかもしれない。

✝自らと子どもを不幸にする、シングルマザーのプライド

おかあさんで働く女性のうち、シングルマザーの割合はかなり高い。孫のいる人もいる。五〇歳前後だと、子どもが中学生や高校生で、大学の学費を用意するために働く人が多い。生活に余裕が無いのに、水泳やバレエなどの習い事をやらせるため、私立に行かせるためにお金をかけて、支出が増える流れを自ら作ってしまうという。

更年期障害で悩んでいる女性も多い。それまで順調に稼いでいた女性が、更年期障害による体調不良や薬の副作用で全く稼げなくなってしまうこともある。

生活保護を受給しながら働いている女性もたくさんいる。自宅にケースワーカーが来る

日は仕事を休むそうだ。今の生活状態に慣れてしまったので、生活保護から抜け出したいと考えている人も少ないという。

もちろん、中には「子どものためにも、母親が福祉の世話にならずにしっかり生きている姿を見せたい」という女性もいる。しかし実際は空回りするだけ。自分一人が食うので精いっぱいだという。

「生活保護を受けているある女性は、子どもが双子を含めて四人います。地方で出稼ぎなどをしていたのですが、緑内障などの持病があって、どうしようもない状態になってうちに来た。その子が偉いのは、無理して子どもを抱え込まないで施設に入れたこと。身を切る思いだったようですが、まずは自分の生活をなんとかしようとした。

今、お子さんの一人は中卒で二〇歳。もう一人は頑張って高校を出たけれど、居酒屋の店員かピンサロのボーイの仕事しかない。この年齢で、もう社会的にちゃんとした会社には入れない。貧困の連鎖ですね。

彼女に聞くと、お子さんたちは普段は『お母さん』と呼んでくれるそうですが、何かあると『俺たちを棄てたくせに』と言われるそうです。彼女にとっては、それが一番辛い。

そうした女性たちに接していると、どうしようもなくなる状態に行きつく手前で、なんとかできなかったのか、と感じます。なぜ安易にパートナーと別れてしまったのか。仮面夫婦でも離婚せずに籍だけは残しておいて、将来の貯蓄をするためにうちの店に来て兼業で働く、というのならいい。しかし『別れて子供を引き取りました。でも親権は向こうにあります』となると、どうしようもない。

それなのに、そういう人ほど変な見栄が作用して、子どもを私立に入れるとか言っちゃう。『うちはお金ないから、頑張ってバイトして公立に行ってね』と言えばいいのに。無理をして働いて身体を壊す。更年期でメンタルもボロボロになっていく。子どもに当たる。そして子どもはグレる。警察から呼び出しがかかったので、今日はもう帰ります……となる。完全に悪循環ですよね。

もっと上流の方で原因を何とかしないといけないのですが、僕らは末端の立場なので、それはできない。社会福祉の方たちが早めに手を差し伸べて、風俗に入る前の悩んでいる段階で危険信号を察知して支援できればいいのではないでしょうか」

†何歳まで稼げるのか

六〇代以上の指名はマニアが中心になってくるという。在籍女性の最高齢は七〇歳だが、その女性は指名がほとんど無く、仕事は三日に一度あるかないかだそうだ。つまり、実際に熟女が稼げるのは五〇代の短い期間だけということになる。

一方、求人サイトは飽和状態で、五〇代の求人自体が減っている。ここ三年くらい、五〇代の女性が店を動かなくなった。女性の側が「もはやどこの店に行っても、客の数や稼ぎは変わらない」と分かってしまったからだという。

四〇代はまだ求人があるが、それでも最近は熟女店の若年化が進んでいるので、男性客の側が「熟女＝三〇代後半～四〇代」だと思い込んでしまう傾向にあるという。そうなると上の年代が稼げなくなる。「この商売は半分啓蒙活動も必要で、お客様に『実は五〇代の女性がいいんだ』と分かってもらうことも大切です」と後藤さんは語る。

働き続ける上で様々なハードルがある中、この業界を笑顔で卒業できる熟女の割合はどのくらいなのだろうか。

「いったん卒業しても、大体帰ってくるんですよね(笑)。『やっと仕事が見つかりました』という報告をもらって、『良かったね、引退だね』と送り出しても、また帰ってくる。

帰ってこない子もいますが、違う店に行っているはず。笑って卒業できるのは四〇代までがほとんどです。

うちで働きながら美容系ショップのバイトから店長まで上がった子がいました。しかし、店長になったと思ったら、その店自体が潰れてしまった。ちゃんと根のある仕事に就ける子は少ない。宅建などの資格を持っていようがいまいが関係ない。

五〇歳を過ぎて卒業できる子はほとんどいない。この世界でずっと生きていくしかない。そう思うと寂しいですよね。どんなきれいごとを言っても、五〇歳を過ぎて、シングルで手に職の無い女性が自立するのは難しい。意外と身体がダメな女性が多いんですよ。持病があったりして、立ち仕事もパソコンもできない。

生活に困っている女性を警備会社に紹介して、寮住まいで生活を立て直すという事業をしているところもあるのですが、体力が無く警棒も振れないので、それすら行けない。そういう子たちを見ていると、人生の全ては背負えないけど、うちに来た方がいいよ、と言うしかない」

†支援と不信の狭間で

後藤さんは四〇歳の時に債務整理している。独立の失敗で背負った借金が膨らみ、利子の支払いだけで首が回らなくなり、キャッシングで借りたお金で利子を返して、またキャッシングして……の悪循環に陥っていた。それでも、真面目な後藤さんは「きちんと働いて全額返済する」という考えを捨てきれなかった。

どうしようもなくなった時に、再就職先の恩師を紹介してくれた女性から「絶対に役に立つから」と無理矢理手を引っ張られて、債務整理に行った。その女性のおかげで今がある。それから結婚して子どもにも恵まれた。

「当時の経験が染みついているので、女性たちに少しでもできることがあれば何でもしてやろうと思ったんです。弁護士の紹介、市役所の手続き、大家さんとの家賃交渉……。もちろん、僕は風俗業界の人間なので一〇〇%信頼してはもらえない。借金の交渉の時に『やっぱり自分で返していきます』とドタキャンした子もいました。

支援をした後ではじめて、女性との間にちょっとだけ信頼が生まれるのですが、きちんとした外部機関があれば、そこを中継ぎにしてうまく支援ができるのかもしれません」

どれだけ誠実に営業しても、採算度外視で女性の生活支援を行っても、「風俗店だから」というそれだけの理由で、女性からも男性客からも、そして社会からも完全には信頼が得られない。「女性に対する搾取だ」「貧困ビジネスだ」とレッテルを貼られて、一方的に叩かれてしまう。ここが風俗店のアキレス腱だ。

「おかあさん」では、女性を「使う」のではなく、「来て頂く」「稼いで頂く」というスタンスを重視している。

「実際、僕たちは女性を『使う』ことができません。使えていたら苦労しない。面接に来てもらってから最初の仕事に行くまで、大変な確率を乗り越えて、やっと採用になる。そう考えると、僕らは使う側じゃない。来てもらう側なんです。結果的に女性の稼いだお金の一部をもらっていますが、そこで良心の呵責が起きないようにしないといけない。

この業界に入った当初、一番嫌だったのは、仕事から帰ってきた女性に話を聞くことでした。『今の客、しつこかったよ』とか『あそこを舐められた』とか、嬉々として語るわけじゃないですか。

当初の僕は、女性に仕事が入らなかった時、『良かったじゃない！　知らない男のモノを咥えなくて良かったね』と内心思っていたんです。仕事が入らない方が女性は喜ぶはずだと。でも、現実は仕事が入らなかったら女性は店に文句を言ってくる。そこを割り切るのに時間がかかった。結局、自分たちがこの仕事を認めて胸を張るしかない。そう思ったのが業界に入って一年目位でした。

風俗店の営業のやり方に正解は無い。だからこそ、軸となるものを一つ作ろうと思いました。軸があれば、迷った時に原点に立ち返ることができます。迷走してしまう店や売上が半減する店には、立ち返る軸が無い。

料金をディスカウントして、応募者を全採用にして、女性の数を増やして、イベントを打っても、ダメなものはダメです。お客様は戻ってこない。店の軸となるミッションが無いと何もできない。あまりにも世間的な価値観からブレているものはアウトですが、一〇人中七人が納得するミッションであればいい」

後藤さんの掲げた「地域で一番の熟女系優良風俗店を目指す」「四〇歳以上で、生活や人生に困ってやって来る女性たちのための店」というミッションは、今も変わっていない。NHKの「ハートネットTV」に取材協力した際、番組に登場した四〇代のシングルマザーの女性は、あれから数年経った現在もおかあさんグループで働いているという。

†「おかあさん」の目指す場所

「風俗はどう考えても今の社会に必要なんですよ。空いた時間に来られる。シフトも自分で決められる。お金も現金当日払いでもらえる。そんな職場はほぼ無いですよね。仮に風俗が日本から消えたとしても、死ぬほど困る男はいない。でも生活に困窮している女性にとっては死活問題です。

僕は熟女に感謝している。風俗に人生を救われたので、その恩返しとして死ぬまで熟女に関わる仕事がしたい。熟女の受け皿として、完璧ではないかもしれないけど、日本で一番の店をつくるつもりでやっています。

僕はあと三年で五〇歳なので、それまでは全国に『おかあさん』を作る。その後は熟女ができる仕事を作りたい。『おかあさん』でうまく行かない子のために、熟女バーや独身者・高齢者向けの手作り食堂、ホームヘルパーなど、旦那に言える職場を作りたい。理容師免許を持っている人が多いので、熟女の散髪屋もいいですね。

それを一〇年くらいやった後は、小口ファンドを作って、事業を立ち上げたい男性スタッフに無担保でお金を貸す仕組みを作る。その資金を元手にして、風俗や飲食だけでなく好きな事業を立ち上げていい。

店が生き残るためには優秀な男性スタッフが必要です。そのために、店長をゴールにするのではなく、各地域を統括するブロック長など、その先のキャリアを作る。明確なキャリアプランを提示して、三年しっかり仕事をすれば自由に使える独立資金を得られる、という仕組みを作れば、これまでの風俗業界には集まらなかったような良い人材が集まってくれるはずです。そうすれば、『おかあさん』も生き残ることができると思います」

熟女の世界にきれいごとは通用しない。様々な事情を抱えてこの業界に足を踏み入れた中高年女性の大半は、更年期や親との死別、心身の老いや孤独と戦いながら、この世界で働き続けるしかないのだ。

後藤さんは経営者として、そうした女性らに稼ぎの場と学びの場、そして居場所になり得るようなコミュニティを提供するビジネスモデルを構築した。ご本人は否定されるかもしれないが「社会起業家」といっても過言ではないだろう。

†超えられない限界と消せないリスク

これまでの章で見てきた通り、風俗の世界の問題は、風俗の中だけでは解決できない。風俗の中だけで問題を解決しようとする者は、地雷専門店に対する分析で明らかにしたように、例外なく「デッドボールのジレンマ」に巻き込まれてしまう。「デッドボールのジレンマ」を克服するためには、風俗の世界の外側＝表社会とのつながりを通して、表社会の人材や制度、スキルやノウハウを活用するしかない。全くの異業種から参入してきた後藤さんが、数百名の在籍女性とリピーターを抱える優良店グループを構築できたのは、後藤さんの人柄と熟女に対する真摯な姿勢、そして経営戦略とミッションに一定の社会性があったからだと言える。

しかし、どれだけ誠実に法令を順守して営業したとしても、採算を度外視して生活に困窮している女性の支援をしたとしても、法律上の「有害業務」「青少年の健全育成に反する仕事」である風俗店が社会的信頼を得ることは極めて困難である。女性に対する支援の過程で、後藤さんがぶつかった壁がこれだ。社会的信頼が無ければ、表社会の人材や制度を十分に活用することはできない。

生活困窮者のセーフティーネットになっている事実、そして働く当事者の権利擁護の必要性をいくら訴えたとしても、「女性が裸になって男性の性器を口でくわえる仕事」である風俗の社会的意義を表社会に認めさせることは不可能に近い。「理想主義者の寝言」「業者のポジショントーク」とみなされるのが関の山だ。ここに、この業界で働く当事者や関係者の努力だけでは決して越えられない限界がある。

また、性感染症やストーカー、盗撮やリベンジポルノなど、女性の裸や疑似恋愛を売り買いするビジネスゆえの固定リスクは決して消えない。どれだけ経営者が努力しても、固定リスクをゼロにすることはできないのだ。

こうした超えられない限界や消せないリスクに対処するためには、どうすればいいのだろうか。

答えはただ一つしかない。福祉との連携だ。多面体の風俗の世界で起こっている目の眩むように複雑な現象を、メディア上でセンセーショナルに「単純化」「商品化」して消費することに終始するのではなく、福祉というフィルターを介して、個々の現象を丁寧に分析した上で「社会問題化」することができれば、そこから司法や医療といった表社会の人材や制度、スキルやノウハウを風俗の世界に招き入れることができるはずだ。風俗の世界で起こっていることが「他人事」ではなく「自分事」である、という理解が社会的に広まれば、それが課題解決のための突破口になり得る。

福祉と風俗、一見すると水と油に思える両者が手をつなぐ方法は、果たして存在するのだろうか。次章では、再び舞台を鶯谷に戻して、福祉を介して風俗と社会をつなげるための方法を探っていきたい。

証言　風俗に役に立つデザインとは？

これまでの事例でみてきたように、風俗の世界の課題を解決するためには、表社会の論理と風俗業界の論理、双方の主張と限界を踏まえた上で、一面的ではない多面的な関わり方をすることが必要になる。可視化と不可視化、双方の視点からの戦略的なアプローチも欠かせない。それをどう可能にするか。

角間惇一郎さん率いる一般社団法人GrowAsPeopleでは「風俗〝後〟に役立つしくみをデザインする」というスタンスで、この世界で働く女性のセカンドキャリアの課題解決を行っている。角間さんはいう。

「女性が風俗の世界に入ってくる『入口』の理由は無数にあります。しかし、『出口』の理由、すなわち辞める際にぶつかる問題の種類は、ビックリするくらい少ない。以下の三つに集約されます。

一つ目は、履歴書に職歴が書けなくなるという履歴書の空白問題。

二つ目は、年末年始に実家に帰った時、家族や友人に何の仕事をしているのか説明できないというアリバイ問題。

三つ目は、店を辞めた後のホームページに掲載されている写真の取扱いに関する問題。

風俗で働く女性は三〇万人いると言われていますが、この三つのいずれかに必ずぶつかる。僕らの団体では、彼女たちの受け皿としてNPOへのインターンを推奨し、それによって履歴書の空白を埋めるという形で、一つ目のアリバイの部分を重点的に解決しています」


GrowAsPeopleでは、女性のセカンドキャリアの課題解決と並行して、デリヘルの経営者・従業員向けに、女性の出勤管理や売上・顧客管理のためのアプリケーションシステムをデザインして普及させている。

「デリヘルのサイトでは女性の写真が大事ですが、店の写真管理はどうしても雑になってしまう。『辞めている／辞めていない』の線引きすらグレーな世界なので、仮に三カ月来ていない女性がいたとしても、その子が辞めたのか、辞めていないのかすら分からない。三年経って戻ってくる子もいる。そうした状況でも、写真を管理するシステムのプラットフォームを作ることができれば、辞めた後も写真が残ってしまうことや、リベンジポルノに流用されてしまうことも防げるはずです。

ＮＰＯ業界の人たちは、風俗業界に対して『何が正しいかどうか』といった是非論を語る傾向にあります。しかし、風俗業界の人たちは是非論は語らない。何が具体的に役に立つか、何が実践的なのかだけを考える。例えば、ヤフージャパンのインターフェイスと風俗情報のポータルサイトであるシティヘブンのインターフェイスはそっくりです。デザインを似せている理由は『かわいいから』『お洒落だから』ではない。

僕はＮＰＯ業界から風俗業界に来たので、『女性はきっと辛い思いをして働いていて、やめたいのにやめられないことに困っているのでは』と思っていた。しかし、女性はお客さんがつかないことに困っていた。これが衝撃的でした。

女性に稼いでもらうためには、店の電話を鳴らす必要がある。男性客が店に電話をかけやすくするためには、デザインの力が必要になる。

僕に情報が集まるのは、シンプルに僕が彼らの役に立つから。風俗業界とＮＰＯの中間にいて、ウェブのデザインもできるし、建築や法律に関する知識もあるからです。今の業界の人は、『風俗で搾取されている女性を解放しよう』的なアプローチさえしなければ、外から業界の中に関わろうとする人に対しては、割と歓迎してくれる印象があります」

問題の存在と内容を把握し、それに応じた解決策をデザインするためには、現場のデータが必要だ。しかし、風俗の世界には統計データも白書も何も無い。あるのは、現場の悲惨な部分や危険な部分だけを抜き出したセンセーショナルな体験記事や潜入ルポばかりだ。この現状に対してはどのように向き合っていくべきなのだろうか。

「風俗の世界はデリヘル化とネット化が進んで、データ収集には適した環境になっています。デリヘルはほとんどネット会社です。売春は世界最古の仕事と言われていますが、今ほどデータを取りやすい時代は無い。元エンジニアなど、ネットに詳しい人がどんどん介入していけばデータが集まるはず。

データの数字が集まれば、マーケットが見えてくる。マーケットが見えてくれば、色々な人が参入しやすくなる。そういう流れを作っていきたいと考えています」

角間さんの指摘する通り、業界の外からの人・モノ・金の参入を促すような仕組みをデザインすることができれば、風俗の世界の課題解決は大きく前進するだろう。

しかし多くの人の参入を促すためには、この世界に根強く残っている「語りづらさ」「絡みづらさ」をどうにかして緩和していく必要があり、その背景には、消せないスティグマの問題がある。風俗の世界やそこで働く当事者に刻印されているスティグマとは、どのように向き合っていくべきだろうか。

角間「現状の風俗は、女性が仕事として自覚せずに働けるようになっています。デリヘルとかはまさにそう。『仕事として働いている』のではなく、フィットネスジムに行くように『ツールとして使っている』感じです。

そうすると、そもそも『仕事』だと言わなくていい。バレたらどうしよう、という感覚が薄くなっている。そうした背景もあって、スティグマに関してはだいぶフレキシブルになっているとは思います。

でも結論から言えば、スティグマが無くなることはない。夜の世界が内包している『口にすることの抵抗感』は、単純に消えたらいいというようなものでもない。それが消えたら、夜の世界の面白さも消えるのではないか。

女性のセカンドキャリア支援の部分では、風俗に対して差別意識や偏見を持たない人たちや組織を受け皿として用意するけど、社会全体のスティグマを無くすのは無理。スティグマ自体を無くそうとはあまり思っていません。働いていたことがバレちゃって、世間から後ろ指をさされても、ある程度守ってくれる存在があれば、それでいい」

業界の外から人・モノ・金が集まる流れを作ることができれば、スティグマを完全に無くすことはできなくても、薄めることはできる。スティグマが薄まれば、当事者の後ろめたさや罪悪感、そして風俗の世界に関する語りづらさや絡みづらさを緩和することができる。

そうなれば、この世界に山積している課題を多くの人が発見して、その解決に関わっていけるようになる。そうした状況や仕組みを作っていくことが、風俗と社会をつなど架け橋をつくるための橋頭堡になるだろう。

風俗の世界で働く女性にとって下着は重要な商売道具だ。「男性をその気にさせるための先行投資」と捉えてセクシーな高級ランジェリーを選ぶ女性もいれば、「仕事用の消耗品」と割り切って安くて見栄えのするものをネット通販でまとめて購入する女性もいる。

そんな中、美津代さん（四九歳）がはいているのは失禁予防のための紙おむつだ。

美津代さんは大学を卒業後、出版社に勤務していた。しかし過労によって精神疾患を患ってしまい、会社を辞めざるを得なくなった。しばらくは北関東の地元で弟と同居し、退職金を切り崩しながら生活をしていたが、退職後も精神疾患は治らず、そのうちに退職金も底をついてしまった。

同居している弟は流通業に従事していたが、東日本大震災の発生によって仕事を失ってしまい、そのまま借金生活に突入。自家用車も借金のカタに差し押さえられてしまい、一日中金融業者からの催促の電話が鳴っている状態だという。美津代さんは「司法書士に相談に行けば」と弟に助言したが、「怖いから嫌だ」と断られてしまった。裁判所から封筒が届いても怖くて開封できない状態だという。

こうした状況で家にいても落ち着かないので、美津代さんは一念発起して仕事を探すことにした。しかし地元では四〇代半ばを過ぎた精神疾患の女性を採用してくれるような職場は無い。パートやアルバイトの面接に何十件も応募したが、どこにも採用されなかった。美津代さんはスリーサイズが全て一〇〇を超えている肥満体型のため、風俗店の面接でも落とされてしまった。

それでもせめてタバコ代くらいは自分で稼ごうと思い、応募者全採用の鶯谷デッドボールに入店した。週三回程度、地元の県から片道二時間かけて鶯谷まで通っている。交通費は支給されないので、鶯谷までの電車賃は全て自腹だ。以前は待機部屋に宿泊することもあったが、泥酔いして交番に保護されるトラブルを起こしたこともあり、宿泊は禁止になった。

デッドボールには約三年間勤務しているが、男性客からの指名はほとんど無い状態だ。それでも美津代さんは待機部屋の片隅でタバコを吸いながら、今日も指名を待ち続けている。その日の体調によっては待機部屋で失禁してしまうこともあるため、普段は紙おむつをはいている。

†紙おむつとソーシャルワーク

大卒で出版社に勤務していた女性が貧困のスパイラルに巻き込まれ、都内最底辺の激安風俗店で紙おむつをはきながら待機している光景は、裏モノ情報を追いかける実話誌や貧困特集のためのセンセーショナルな事例を探している週刊誌から見れば、格好の取材対象だろう。

だが今、デッドボールの待機部屋で美津代さんの目の前に座って静かに耳を傾けている女性は、実話誌のライターでも週刊誌の記者でもない。生活困窮者支援に携わる臨床心理士だ。

鈴木晶子さん（一般社団法人インクルージョンネットかながわ代表理事）は、心理的なケアやソーシャルワーク、就労支援や地域コーディネートを主とした寄り添い型の支援を通して、若年生活困窮者を支える活動をしている臨床心理士である。NHKスペシャル「子どもの未来を救え――貧困の連鎖を断ち切るために」（二〇一四年一二月二八日放送）やNHKクローズアップ現代「あしたが見えない――深刻化する〝若年女性〟の貧困」（二〇一四年一月二七日放送）などに出演されている、若年生活困窮者支援のトップランナーのお一人だ。

精神医療の現場でも働かれた経験のある鈴木さんによれば、精神疾患患者に多種類の薬を大量に出す多剤大量処方の副作用で尿失禁が起こるケースはあるという。「激安風俗店の待機部屋で五〇歳近い肥満体型の女性が紙おむつをはきながら待機している」という事実は、ジャーナリズムの視点から見れば、貧困特集記事の中で消費される「ネタ」の一つにしかならないが、ソーシャルワークの視点から見れば、彼女が抱えている障害や生活の状況を読み取るため、そして適切な支援につなげるための重要な「サイン」になる。

これまで風俗の世界を取材してきたライターやジャーナリストの大半は、当事者から発信されていた情報を「サイン」として認識できず、ただひたすら「ネタ」として記述し、消費することしかできなかったのではないだろうか。

†もらえるお金はもらった方がいい

美津代さんの話を一通り聞き終えた後、鈴木さんは穏やかな口調で彼女に語りかけた。

鈴木「借金取り立ての電話が一日中鳴っているような状況では、とても生活が落ち着きませんよね。美津代さんが障害年金をもらった上で弟さんの借金を整理できれば、それだけでもかなり暮らしが楽になるはず。それでも収入が足りないのであれば、生活保護も使えるかもしれない。楽になる方法はありますよ。

会社勤めの時期を含めて一時期までは年金をきちんと払っていたのであれば、障害年金をさかのぼって申請することができます。初めて病気になった時点でちゃんと年金を払っており、かつ受診の履歴が残っていれば、さかのぼって最大五年分、まとめてお金が入ってきます。それを転居や生活改善のための初期費用として使うこともできますよ」

美津代「私は障害者手帳の二級を持っているのですが、市役所の窓口で聞いたら、『さかのぼって請求することはできない。この市ではそういうことはやっておりません』って言われました」

鈴木「それはおかしいですね……。どこの市役所ですか？」

美津代「H市役所です。」

鈴木「障害年金は国の制度なので、例えば台東区ではやっているけどH市ではやってない、ということは絶対にないです。診断書などの必要な書類を揃えて、専門知識のある人が同伴して『さかのぼって申請できないのはおかしいですよね』と言えば、受け付けてもらえるはずです。地域によって丁寧に対応してくれるところとそうでないところがありますし、最近は生活保護だけでなく障害年金でも水際作戦があるようだと聞きますので、それこそ弁護士さんなどに相談してみると良いと思います。

デッドボールさんで働きながらでも、もらえるお金はもらった方がいいですよね。それをもらいながら、働けばいい」

鈴木さんがこう声をかけたのは、風俗で働き自立しようと懸命にやってきた人に風俗で働くことを頭ごなしに否定しては、自分の歩んできた人生そのものを否定されたと感じてしまう可能性もあるからだという。そうなると支援者を拒否することになるだろう。まずは今の本人を肯定して支援を始め、風俗以外の選択肢も示し、本人が選べるようになることが大切だと考えているそうだ。

さらに、鈴木さんは支援は経済的な問題にとどまらないともいう。例えばデッドボールの人間関係が本人にとって居場所になっているような可能性も考えられ、その場合は社会的孤立（孤独）をどう支援するかということも考える必要がある。美津代さんであれば「風俗で働いている」＋「精神障害者」＋「生活困窮者」という三重のマイノリティであり、地域からの孤立は容易に想像できる。こうしたさまざまな本人の状況や事情をよく理解し、総合的に支援をしていく必要があるというのだ。

†激安風俗店とソーシャルワークとの連携可能性

鈴木さんと美津代さんのやりとりを横で聞きながら、私は、風俗の世界に今一番必要なのは、道徳感情に基づいた是非論や否定論、あるいはフェミニズムや社会学の理論に基づく分析や批評でもなく、ソーシャルワークとの連携ではないだろうか、という思いを新たにした。

第四章で、私はデッドボールを「限りなくソーシャルワークに近い風俗、もしくは限りなく風俗に近いソーシャルワーク」と評した。風俗と福祉は対立するものとして語られがちである。各種メディアの貧困報道においても「福祉行政は風俗産業に敗北した」という言葉がもっともらしく流布されている。年長世代のソーシャルワーカーの中には、風俗産業を「女性の搾取を前提に成り立っている巨大な社会的装置」として、親の仇の如く敵視する人もいる。

しかしこれまでの章で分析してきた通り、デッドボールのような激安風俗店に限って言えば、ソーシャルワークとの相性は決して悪くないはずだ。応募者全採用の店であれば、求人広告を見てアクセスしてきた全ての女性を漏れなく捕捉することができる。これまでの行政の窓口や生活困窮者支援制度、そして通常の風俗店では（面接の時点で不採用になるために）決して捕捉できなかった女性を一〇〇％捕捉し、何らかのアプローチを行うことができるわけだ。

そもそも歴史的に見れば、ソーシャルワークの出発点自体が、既存の制度では救済できない「見えづらい弱者」「分かりづらい弱者」を支援することを目的に作られた領域だったはずだ。

†「最後の砦」としての風俗店

つまり、ソーシャルワークの立場から見れば、激安風俗店との連携は、見えづらく分かりづらい貧困女性層の存在、及び彼女たちが抱えている生活や家庭の問題を可視化し、支援につなげるための「最後の砦」を手に入れることになり得る。女性がシングルマザーの場合、その子どもにも支援を届けやすくなる。場合によっては、子どもの貧困や虐待、ネグレクトなどの発生も未然に防ぐこともできるだろう。

一方、激安風俗店の立場から見れば、生活に困難を抱えているため満足に働けない女性たちの福利厚生を充実させることで、売上の増加と離職率の低下（求人広告費用の削減）につなげることができる。社会福祉士や弁護士と連携して在籍女性を支援していることを公表すれば、警察や世間からの好印象につながり、女性に対する搾取だという批判もかわせる。反社会的勢力を寄せ付けないための「魔除け」にもなり得るだろう。

激安風俗店とソーシャルワークとの連携は、イデオロギー的な対立を脇に置けば、双方にとってメリットがあるものになるはずだ。ソーシャルワークと風俗の連携事例を具体的に提示することができれば、それ自体が風俗の「社会的存在意義」になりえる。ひいては当事者に対するスティグマ（差別や偏見）の緩和にもつながるかもしれない。

こうした考えの下、ホワイトハンズの主宰するセックスワーク・サミットでのデッドボール総監督との対談企画を鈴木さんに打診したところ、「ぜひ参加させてください。なかなか私もこうした『裏』の世界の方とつながる機会がないので、とても嬉しいです」と、ご快諾を頂くことができた。若年生活困窮者支援を行っている鈴木さんの団体でも、生活に困っている若者が集うネットカフェの運営企業に連携を打診したところ、「客が減るから」という理由で断られたことがあったそうだ。

対談前の顔合わせと現状視察を兼ねて、鈴木さんを鶯谷のマンションの一室にあるデッドボールの待機部屋にお招きして、美津代さんをはじめとする在籍女性数名、そして総監督と話し合って頂くことにした。若年生活困窮者支援の専門家と激安デリヘルの経営者という、普段全く接点の無い世界にいるお二人が、女性にまつわるトラブルや困難事例に関する「あるある」話＝共通の体験談で盛り上がっておられたのが印象的だった。

終了後、鈴木さんからは「思った以上に代表の方と私の見ている景色が一緒で、手応えを感じました。ぜひ、これから風俗とソーシャルワークの連携を広げていきましょう」との力強いお言葉を頂くことができた。

総監督からは、「私自身、社会福祉に関しては全くの素人で知識も無いのですが、鈴木さんが在籍女性に対して行ってくださった制度の説明やアドバイス、大変興味深いものでした。障害年金や福祉制度のお金をもらった方が楽な暮らしができる子は結構いるはずです。今すぐにでもできそうな気がするので、ぜひ支援のモデルケースを作ってみましょう」とのご提案を頂いた。

†デッドボールの待機部屋内で、無料の相談会を開催

そこで、デッドボールの全面協力と鈴木さんのご助言を頂き、ソーシャルワークと風俗の連携モデルケースとして、デッドボールの待機部屋内で在籍女性に対する無料の生活・法律相談会を行うことにした。

これまでの行政やNPOによる相談事業の多くは、担当者や専門家が相談所の椅子に座って相談者の来訪や電話を待つ、という受け身のスタイルが中心だった。しかし自発的に相談に来ない・来られない人が大半を占める風俗の世界に対しては、そうしたスタイルは全く無意味だ。そこで、ソーシャルワークの世界で「アウトリーチ」と呼ばれているスタイル＝専門家が直接現場（店舗の待機部屋）を訪問し、その場で相談に応じる形にした。

実施に当たって、私の知り合いの弁護士である徳田玲亜さんと浦崎寛泰さんに声をかけた。徳田さんは、司法試験の受験生時代からホワイトハンズの活動に携わってくださっている二〇代の新人女性弁護士だ。法科大学院在学中から「性・生殖に関する社会問題の解

決のために、法律を使ってどのようなアプローチができるのか」に関心を持ち、その過程でホワイトハンズのイベントに参加してくださった。

浦崎さんは、私と同じ一九八一年生まれ。早稲田大学在学中に司法試験に合格後、長崎県の離島（壱岐市）で「離島弁護士」として三年間で一〇〇〇件近くの法律相談を担当。社会福祉士の資格も取得されている異色の専門家だ。長崎と千葉で法テラス法律事務所の所長を務め、現在はPandA法律事務所代表として、司法と福祉が連携する「司法ソーシャルワーク」の実践に取り組まれている。ここに浦崎さんと同じ事務所の社会福祉士・及川博文さんを加えて、三名体制で初回の法律相談を行うことになった。

これまでの章で見てきた通り、複合化された困難を抱える女性は、「司法につなぐだけ」「福祉につなぐだけ」「風俗で働くだけ」では問題が解決しないことがほとんどだ。しかし、司法・福祉・風俗の三者が連携すれば、複雑に絡み合った問題の糸を解きほぐし、光明を見出すことができるかもしれない。

二〇一五年一〇月四日、鶯谷某所の雑居ビル内にあるデッドボールの待機部屋で、第一回目の相談会を開催した。開始時刻の一四時前になると、ワンルームの待機部屋は相談希望の女性たちで満杯になり、足の踏み場もないような状態になった。「これだけの女性に

待機部屋での相談会の開催風景

囲まれる機会は普段無いので、緊張しますね」と苦笑いする浦崎さん。

はじめに全体ガイダンスを行い、離婚や借金、弁護士への相談費用に関する簡単な資料と、生活保護についてのパンフレットを配って説明を行った。その後、個別相談（一人につき三〇分）に移った。

一人目の相談者の女性は、信子さん（四〇代後半）。腰まで届く茶髪のロングヘアに細い身体、痩せて骨張った浅黒い手の指先にピンクのネイルだけが不釣り合いな輝きを放っている。当初は終盤の時間帯での相談予定だったのだが、信子さんの精神状態が思わしくないということで、一人目に順番を入れ替えてもらったとのこと。足取りがおぼつかず、デッドボールの女性ケアスタッフが付き添って、やっと待機部屋への階段を上がってきた。冒頭から重い相談になりそうな予感が漂い、待機部屋内に緊張が走った。

†夫の自殺・借金・詐欺被害という不幸の連鎖

開口一番、信子さんは夫の自殺について語り出した。夫には精神疾患があり、睡眠薬の過剰摂取による自殺だったそうだ。信子さんは適応障害のため働くことができなかったので、夫の死後生活保護を受給することにした。しかし夫の死の辛さや寂しさを紛らわすために飲み歩いてしまい、お金が無くなってしまった。信子さんは過去に自己破産の経験があるため、これ以上借金はできない。携帯サイトで見つけた審査なしで融資してくれる会社に申し込んだところ、融資の条件として携帯電話やi-Padを大量に契約させられた。闇金融や詐欺で使われる「飛ばし携帯」(他人名義や架空名義の携帯)の業者なのだろう。

それ以降、毎月多額の携帯料金の請求書が自宅に届くようになった。困った信子さんは、ネットで見つけた法律事務所「B」に相談し、解決費用として五万四〇〇〇円を分割払いで支払うことになった。しかし「B」に費用を支払った後も請求は止まらなかった。信子さんの収入は生活保護や障害基礎年金等を合わせて月額約一四万円で、家賃は四万五〇〇〇円。そこに毎月八万超の携帯料金の支払いが重なり、生活が成り立たなくなった。そうした状況の中で少しでも生活費を稼ぐため、信子さんはデッドボールに入店したという。

家事援助のヘルパーが来る曜日を除いて、週六日、午前一一時から深夜二三時まで待機している。当然、体調も精神状態も悪化する一方だ。

信子さんの話を聞いた後、浦崎さんが質問した。

浦崎「その『B』という法律事務所、担当弁護士の名前は分かりますか?」

信子「三木さんという方でした」

浦崎「三木さんと、直接お会いして相談したんですよね?」

信子「いいえ。電話とメールだけでした。費用の支払いも銀行振込でした」

浦崎「それはおかしいですね。債務整理では弁護士と相談者が直接対面して相談を受けることが義務付けられているのですが」

徳田さんが、手持ちのタブレットで「B」のホームページを手早く調べた。

徳田「この『B』という法律事務所、確かにホームページはありますが、『三木』という弁護士は在籍していません。そもそも弁護士紹介のページ自体が無い。事務所の電話番号も信子さんが電話した番号とは異なります。ここ、『非弁』じゃないですか?」
浦崎「う〜ん、『非弁』の匂いがしますね……」

「非弁」とは、弁護士や弁護士法人でない者が報酬目的で法律事務を行うことを指す。弁護士法によって禁じられているが、既に引退した高齢の弁護士などの名義を借りて、弁護士の資格を持っていないスタッフが法律事務をしているところもある。中には詐欺まがいの事務所もあるという。「B」が本当に非弁かどうかは定かではないが、少なくとも相談によって信子さんの抱えている問題が全く解決されなかったことだけは確かだ。

信子「法テラスにも相談に行ったのですが、『放っておけ』と言われました」
浦崎「確かに、請求を放置しておいて時効を待つという選択肢もあります。しかし信子さんの置かれている状況、そして風俗で働いてまで真面目に支払おうとする性格を考えると、それは適切なアドバイスではない。

もう一度、借金を整理し直しましょう。法テラスを使えば、生活保護を受けている人は自己負担ゼロ円で弁護士に相談できます。相談している間は、請求書が来ても支払わないでください。電話で催促が来たら、『今弁護士に相談しています』と言って、僕の名前を出してくださって構いません。今この場で、うちの事務所に相談に来る日時を決めてしまいましょう」

信子さんの案件は浦崎さんの法律事務所が受任し、継続支援を行うことになった。弁護士が関わる場合、生活保護を受給してもらった方が、その後の支援が格段にやりやすくなるそうだ。法テラスを使えば、借金で自己破産する場合も、生活保護を受給していれば弁護士費用はゼロ（法テラスへの償還が原則猶予・免除）になる。

今回の法律相談の場では、サラ金やクレジットカードによる借金に苦しんでいる女性が数名いた。浪費癖が抑えられずに複数のカードで多額の借金をしている女性もいれば、複数の消費者金融で作ってしまった借金を返済するため、他の消費者金融で借りて返済するという悪循環に陥っている女性もいた。

弁護士による法律相談の場では、多額の借金を抱えて利息の支払いで精一杯になっている相談者には、自己破産を勧めることが多いという。「自己破産のデメリットは、実はほとんどありません。戸籍に載る、身ぐるみはがされる、携帯電話を使えなくなるといったうわさは全部ウソです」と浦崎さんは語る。

†離婚とDV

次の相談者・裕子さん（二〇代後半）は、茶髪でボブカットの柔らかい雰囲気の女性。フリルのついたベージュのスカート姿で待機場に入ってきた。可愛らしい髪形と服装とは裏腹に、スカートから伸びた太ももやふくらはぎには多数の痛々しい青あざがついていた。原因は夫によるDVだ。

裕子さんは二〇代の前半で三〇歳以上年齢の離れた男性と結婚。一児に恵まれた。しかし、夫による性的暴力や言葉の暴力が次第にエスカレート。生活費も少額しか渡さなくなり、子どもの前でも暴力を振るうようになった。耐えられなくなった裕子さんは、子どもと一緒に一時保護施設（DVシェルター）に避難。しかしアルコール依存だった裕子さんは施設内で飲酒による問題行動を起こしてしまい、子どもと引き離されて治療施設に入院することになってしまった。

現在は夫との離婚調停を進めながら、アルコール依存症の自助グループに通いつつ、一時保護されている子どもと再び一緒に暮らすための準備をしている。生活保護を受給しながらデッドボールで働いて離婚費用を貯めているという裕子さんに対して、徳田さんがアドバイスをした。

徳田「夫と別居中の場合、婚姻費用を請求することができます。別居中であっても、夫婦の婚姻が継続している限り、衣食住の費用や医療費、子どもの養育費などの婚姻費用の分担義務が生じます。夫が生活費を渡さない場合でも、婚姻費用としてきちんと生活費を渡すよう求めることができますよ」

裕子さんは一日も早く子どもを取り戻したいと考えている。しかし児童相談所は子どものことを第一に考えているので、現状では一時保護はやむを得ない。まずは裕子さん自身の体調を整えて、万全の態勢でお子さんを迎えることができるようにしましょう、ということで話がまとまった。

裕子さんは、最近店で出会った男性客と親しくなり、将来を誓い合う仲になっているそうだ。その男性は、「一緒に子供を育てよう」と言ってくれているらしい。ただ今回の相談で、裕子さんの口調や身振りから、もしかしたら軽度の知的障害があるのではないかという点が気になった。無事に離婚が成立したとしても、果たして裕子さんは次の男性と幸せになれるのだろうか。それとも、同じことを繰り返すだけになるのだろうか。

†アキレス腱としての家族

家族問題に関しては、ある女性から「施設で生活している知的障害のある兄がいる。面倒を見ていた母親が難病にかかってしまい、将来的には自分が兄の面倒を見なければいけないのでは、と不安になっている」という相談があった。この相談に対しては、以下のような回答をして納得して頂いた。

一、妹であるあなたに、あなたの生活を犠牲にしてまで兄の面倒を見る法的な義務はない。
二、仮に施設や役所から照会がきて「お兄さんを援助できますか」と尋ねられたとしても、あなたは断ることができる
三、もし断ったとしても、それで家族としての縁が切れるわけではない

この女性のケースも含めて、障害や病気、不登校や失業など、何らかの問題を抱えた家

族がいるという人はかなり多かった。風俗で働く女性にとって、家族はアキレス腱だ。

加奈さん（四〇代後半）は、ネット上の匿名掲示板に自分の個人情報ではなく娘の個人情報を書かれてしまい、「自分が風俗で働いていることが、娘の学校でバレてしまったらどうしよう」と深刻に悩んでいた。業界未経験で入店した加奈さんは、入店当初、無防備にも男性客や他の在籍女性に自分の家族のことをつい話してしまい、そこから情報が漏れてしまったようだ。

法的には、ネット上に誹謗中傷を書きこまれた場合でも、それが女性の本名ではなく源氏名に対するものであれば削除させることは難しい。源氏名の場合、書き込みを読んだ人が加奈さんのことだと分かるものでない限り、加奈さんから「権利を侵害された」と訴えることができない。

ましてや、その家族に関する書き込みについて、加奈さん自身が権利を侵害されたと訴えることはさらに困難となる。加奈さんを特定できる個人情報が掲示板に書きこまれれば警察や弁護士が動ける可能性が出てくるが、それでは遅い。

徳田さん・浦崎さんの両弁護士が知恵を絞ったが、残念ながら相談時間内に解決策を提示することはできなかった。落胆した加奈さんは、「こういう仕事をしている代償だと言われれば、その通りなのですが……」と力なく語った。

†精神疾患との付き合い方

「今飲んでいる薬は、アモバン（睡眠導入剤）、アキネトン（中枢神経用薬）、リスパダール（非定型抗精神病薬）です」

里美さん（四〇代後半）は、統合失調症で精神障害者手帳二級を取得している。生活保護を受給している身でありながら、息子（二〇代・フリーター）の奨学金を返済するためにデッドボールで働いている。本来、生活保護費を借金返済に当てることはできない。

「統合失調症による不随意運動で身体が常に揺れてしまうために、『普通に見せないといけない』と意識してしまい、サービス中に積極的なプレイができないのが悩みなんです」

という里美さんは、相談中も常時身体を小刻みに揺らしたり、足を曲げ伸ばしたりしていた。精神障害者に対する相談援助に詳しい精神保健福祉士でもある社会福祉士の及川さんがアドバイスをした。

及川「お話ししている時に、ろれつが回らなかったり、口の中が乾くことはありませんか?」

里美「あります。いつもペットボトルの水を飲んでいます」

及川「それは薬の副作用ですね。不随意運動もあるので、リスパダールの作用が強すぎるのかもしれません。お医者さんに相談して、お薬を変更するか、量を調整してもらってはいかがでしょうか。ちなみに、生活保護を受給しているのに息子さんの奨学金を返済していること、そして返済のためのお金をどこで稼いでいるのかについて、福祉事務所は何も言わないんですか?」

里美「何も言いません。ただ、最近は二人世帯の家賃上限が引き下げられたので、転宅指導(役所から今よりも安い家賃の物件へ引越しを命じられること)を受けているんです。通院があるので、引っ越しで病院から遠くなってしまうのは困るんですが……」

現在の里美さんのデッドボールでの一カ月の稼ぎから計算すると、奨学金を全額返済するためには一〇年近くかかる。統合失調症を抱えながら、六〇歳近くになるまでデッドボールで働き続けることは不可能に近い。

及川「デッドボールで働き続けるのはいいのですが、奨学金返済のために一〇年を使うのはもったいない。自己破産でゼロにする選択肢もありますし、仮に里美さんがそうしたとしても、誰も何も言いませんよ。福祉事務所もそう指導するはずです」

今回の相談会では、相談者の女性九人のうち六人が何らかの精神疾患を抱えていた。朝起きられずに遅刻してしまったり、めまいに悩まされているため判断能力が低下してしまう、という訴えがあった。DVが原因でうつが悪化した、というケースもあった。

「物事の順位付けが難しい、着替えの準備など日常の生活動作に時間がかかると悩んでいる場合、発達障害である可能性もあるので、気になるようであれば心療内科や精神科を受診してみてほしい」と及川さんは語る。

†即断即決で社会資源につなぐ

最後の相談者である真樹子さん（三〇代後半）は、生活保護・精神障害者手帳二級・肥満による糖尿病・多重債務・ストーカー被害・同居人とのトラブル・家庭不和と、あらゆる困難を一身に背負っているような女性だった。

緊急度の高い案件ということもあり、浦崎さんは「今、電話しましょう」と真樹子さんに伝え、その場ですぐに彼女の住んでいる千葉県X市にある「中核地域生活支援センター」に電話をかけた。このセンターは、二四時間三六五日体制で福祉サービスのコーディネートや総合相談・権利擁護を行っている。

浦崎さんの計らいによって、この相談会の翌日すぐに、真樹子さんがセンターを訪問して相談を受けることが決まった。「万が一センターへの道が分からなかったら、最寄り駅の前からこの番号に電話をして、迎えに来てもらってください」と、浦崎さんは自分の名刺の裏にセンターの番号を書きこんで真樹子さんに手渡した。

浦崎さんは千葉の法テラスに勤めていた経験があり、千葉の社会資源に精通していたため、即断即決で真樹子さんをセンターにつなぐことができた。もちろんセンターに相談することで真樹子さんの抱えている困難が全て解決するわけではないが、少なくとも今より状態が悪化することは避けられるだろう。

一四時から二〇時過ぎまで、こうした九名の女性の相談を連続で受けるというハードな内容だったが、今回の相談会の成果として、事前の予想とは異なる三つの事実が得られた。

【意外な事実①】大半の女性は、何らかの形で既に行政や福祉につながっている

都内最底辺の激安風俗店で働く女性というと、行政や福祉に全くつながっていない闇の存在というイメージがあるだろう。

しかし現実は正反対で、相談に訪れた女性たちの大半は、生活保護を受給していたり、障害者手帳を取得しているなど、何らかの形で行政や福祉にきちんとつながっていた。

「生活保護受給者が多かったのは意外でした。福祉には頼ろうとしない人がもっと多いのではと思っていました」と浦崎さんは語る。

生活苦や障害・病気などの困難を抱えながらも、きちんと弁護士に依頼して離婚調停をしている女性もいれば、医療費の自己負担を軽減するための自立支援医療を申請・利用している女性もいた。

つまり、司法・医療・福祉といった各種制度やサービスに「つながっていない」ことではなく、それらと「どうつながっているのか」が問題なのだ。つながるだけではトラブルは解決できない。つながる順番や期間を間違えると、生活保護費を浪費して借金を増やし

てしまった信子さんのように、逆に新たな問題を引き起こしてしまうこともある。福祉事務所に風俗の収入を申告していない場合、「バレたら生活保護を打ち切られるかもしれない」という不安と常に隣り合わせの生活になる。

また生活保護以外の居住支援・就労支援・訪問支援といった福祉サービスの話は、今回の相談の中では一度も出てこなかった。福祉サービスが措置から契約へと制度変更されたが、広報活動は進まず大半の人がサービスの存在自体を知らない。一方で、障害というスティグマを付与されることを忌避して、サービスを利用しない人も多い。「そのような福祉サービスの現状と課題が、『生きるために風俗業に入った』という女性たちを生み出していると感じました」と及川さんは語る。

ただ「生活保護を申請させて終わり」「自己破産させて終わり」にするのではなく、司法・医療・福祉の各制度やサービスを有機的に組み合わせて、それらが確実に本人の生活を改善できるように、長期的なスパンで支援していくことが必要になるだろう。

「弁護士に事件処理を依頼している女性も、その担当弁護士に夜の仕事のことは話せていないようです。風俗の仕事のことを隠すことなく弁護士や社会福祉士に相談できる場が、実はとても大事なのかもしれない。そのための仕組みづくりはぜひとも必要です」と浦崎さんは語る。

つまり、弁護士やソーシャルワーカーが風俗で働く女性の支援をする場合、「一日も早くこの仕事を辞めさせる」という姿勢でアプローチするよりも、「風俗の仕事を続けながら（＝ある程度の収入と社会的な居場所を確保しながら）、通い慣れた待機部屋で、現在の状況に応じた法律・福祉のアドバイスが受けられる体制を整える」というアプローチをとった方が、確実に効果的な支援になる。事実、今回の相談会では、弁護士・社会福祉士の口から「この仕事を辞めたらどうですか」という言葉は一度も出なかった。

【意外な事実②】相談内容の大半は、通常の法律相談や生活相談と変わらない。

都内最底辺の激安風俗店で働く女性というと、実話誌のネタになるような陰惨な過去を持ち、誰の手にも負えないような複雑な問題と、深い心の闇を抱えて生きている……というセンセーショナルなイメージがある。もちろん第三章の真理子さんのように、そうした女性も中には存在するだろう。

しかし、今回女性たちから寄せられた相談の大半（離婚、借金、DV、ネットでの誹謗中傷など）は、昼の世界の一般的な生活・法律相談に寄せられる相談とほとんど変わらない内容であった。「想像していたよりも、ずっと普通の相談ばかりでした」と徳田さんは言う。

もちろん今回は限られた時間の中での相談だったので、時間と回数を重ねて話を聞いていけば、また違った種類の問題が出てくるだろう。ただ、最初の相談者の信子さんのように、一見すると支援困難な特殊事例に思えるケースも、一つ一つの問題を丁寧に分解して整理いけば、ごくありふれた問題の積み重ねに過ぎないことが見えてくる。

徳田さんは、他士業と連携することの重要性も感じたという。相談者の悩みが法的に解決できることなのか、それ以外のサポートを要する問題なのか、あるいは両方のサポートが必要なのかは、実際に相談を聞いてみないと分からないケースが多いからだ。

当たり前の話だが、彼女たちも鶯谷から一歩出れば、普通の主婦や母親、学生や会社員である。「風俗店で働く女性は私たちとは違う世界の住人であり、人に言えないような深い心の闇を抱えて生きているに違いない」という発想自体が、メディアによってつくられた偏見の産物だと言える。

「通常の法律相談や生活相談と変わらない」ということは、夜の世界で働く女性の抱えている問題も、その大半は昼の世界と同じスキーム（枠組みと計画）で十二分に解決可能だということだ。だとすれば、迷うことは何もない。風俗店の待機部屋にどんどん弁護士やソーシャルワーカーを送り込んで、問題を解決していけばいい。

【意外な事実③】弱さの中にも強さがある

都内最底辺の激安風俗店で働く女性というと、どうしても生活に困窮している「社会的弱者」というイメージがつきまとう。彼女たちの抱えている困難の多さと重さを考えれば、確かにその通りかもしれない。

しかし、相談会に訪れた女性たちには、そうした困難に押し潰されてしまうのではなく、それらを抱えながらもたくましく生きている人が多かった。相談の際にも、多くの女性が離婚調停の書類や借金の請求書、誹謗中傷を書きこまれたサイトをプリントアウトしたものなどをきちんと準備・持参してきた。軽度の知的障害があると思われる女性は、夫から受けたＤＶの詳細な内容や現在自分が置かれている状況をびっしりとノートにメモして、それらを一字一句読み上げながら現状を訴えた。

多重債務の相談に来たある女性は、本人の申告では発達障害ということだったが、弁護士の質問や提案に対して丁寧な敬語で明晰に応答する知的なタイプの女性だった。相談を終えて待機部屋を出る直前、私たちの心を見透かすように、「地雷だから、頭が悪いと思っていたでしょう? フフフ」と微笑んだ。

「診断の有無はともかく、精神・知的・発達障害のある方が想像以上に多くて驚きました」と及川さんは語る。

「生活保護を受けながら、もしくは家族に内緒でひっそりと業務に従事しているその姿から、ある種のサバイバル能力の強さ、必死さが感じられました。これまで障害者福祉の相談支援現場で対面してきた、障害を苦に自殺を考える方・ひきこもる方・捨て鉢な態度を取る方とは、また違った方々でした」

ソーシャルワークの世界には「ストレングス視点」という言葉がある。生活課題を抱える人に対して、本人の弱みに着目し、その部分の改善や矯正に対する働きかけだけをするのでは、課題の緩和や解決はできない。本人の得意なことや利用可能な環境・人間関係などの強み(ストレングス)にも視野を広げて、課題を解決していこう、という視点だ。

そもそも「福祉や司法とのつながりだけでは足りない部分、カバーしきれない部分を、風俗で働いて自力で解決していこう」と決意できる人には、かなりの自立心と根性、そして家族への愛情と責任感がある人が少なくない。これまでの章で見てきた通り、今の時代では風俗で働けること自体が一つの強みなのだ。

彼女たちを「社会的弱者」「性的搾取の犠牲者」といったレッテルを貼って審判するのではなく、私たちと地続きの世界で、誰もがぶつかる可能性のある問題と戦っている「最前線の隣人」とみなして、対等な立場に立った上でその強みを引き出し、支援に活かしていく方法が求められている。ソーシャルワーカーの力量が問われる場でもあるだろう。

†風俗を「最前線の基地」にせよ

以上のように、ソーシャルワークと風俗の連携のモデルケースとして、デッドボールの待機部屋内で弁護士と社会福祉士による在籍女性に対する無料の生活・法律相談を行い、九名の女性に対して一定の支援や情報提供を行うことができた。一人当たり三〇分程度の短い時間ではあったが、定期的に実施していけば、これまでのソーシャルワークでは決してアプローチできなかった層に必要な支援を届けることができるだろう。

今回、ソーシャルワークとの連携が実現できたのは、デッドボールが「風俗店」だからだ。もしも、デッドボールが違法な「管理売春組織」だったり、未成年に性交類似行為を行わせる「JKビジネス」であれば、当然ながら連携はできない。関わること自体が違法になってしまうからだ。

管理売春組織やJKビジネスに対しては、それらの実態がどういうものであれ、現実的には「絶対悪のレッテルを貼って叩く」という硬直的なアプローチしかできない。

しかし、風俗は少なくとも違法な存在ではない。性産業の中でソーシャルワークと連携できるほぼ唯一の領域だ。そう、風俗は社会福祉の「敵」ではなく、同じ戦場で闘っている「味方」なのだ。残念ながら、他者を非難したり、裁いたりする態度をとらないことを重んじるソーシャルワークの世界ですら、風俗は「絶対悪」もしくは「敵」と一方的に非難され、裁かれ、無視され続けてきた。

今必要なのは、正しい戦場で正しい敵と戦うことだ。つまり、風俗にレッテルを貼って叩くことではなく、ソーシャルワークとの連携を通して、風俗を「社会問題としての貧困と闘うための、最前線の防衛拠点にして情報発信・収集基地」として活用していくこと。それ以外に、風俗の世界の課題を解決する方法、そして拡大する一途の貧困を迎え撃つ方法は無い。

終章　つながる風俗

†風俗と福祉、そして社会をつなぐために

第一章では、生活保護を受給しながらデリヘルを経営する男性障害者の体験記を通して、風俗は単純な平面の世界では決してなく、複雑な多面体の世界であることを示した。

第二章では、妊婦・母乳専門店の現場、そこに集う妊産婦たちの姿を通して、風俗の世界が、昼の世界の常識や価値観とは異なる働き方をすることによって金銭的・時間的な利益を獲得すること＝「夜の世界のワークライフバランス」の実現を目指す男女が集う世界であることを描き出した。

同時に、全員がそれを実現できるわけではないため、真に問題化すべきは、「働くこと」「働かせること」の是非ではなく、「働けない人（稼げない人）をどうするか」であることを述べた。

第三章では、他の店で稼げなくなった女性たちが集う激安風俗店と、そこで働く女性の置かれている厳しい現実の分析を行った。非合理な世界であるがゆえに救われる人がいるという「非合理の合理性」こそが風俗の世界を支える屋台骨になっており、それが営業の健全化や労働環境の改善を妨げる壁になっている。

第四章では、他の店で不採用になった「デブ・ブス・ババア」の集う地雷専門店の実態の分析を通して、風俗の世界で起こっている問題を風俗の世界の論理や常識だけで解決しようとする者は、親身になって女性の立場に立てば立つほど、女性個人を貶めてリスクの矢面にさらす形を取らざるを得なくなる、というジレンマに巻き込まれてしまうことを示した。

第五章では、生活に困窮した中高年女性のための熟女専門店グループを築き上げた経営者へのインタビューを通して、業界で働く当事者や関係者の努力だけでは決して越えられない支援の限界、消せない固定リスクに対処するためには、風俗の世界の外側との連携を通して、表社会の人材や制度、スキルやノウハウを活用するしかないということを示した。

第六章では、鶯谷デッドボールでの無料生活・法律相談の事例を通して、ソーシャルワークと風俗の連携モデルケースを提示した。激安風俗店とソーシャルワークとの連携は、双方にとってメリットがあるものになる。協働事例を具体的に提示することができれば、それ自体が風俗の「社会的存在意義」になりえるはずだ。

以上を踏まえて、本書の結論を述べたい。

1 否認でも黙認でも公認でもない「容認」を目指せ

一九八四年の風営法改正によって風俗というカテゴリーが誕生してから約三〇年が経った。この三〇年間で得られた教訓としての事実は、以下の三つである。

一つ目は、「いくら否認しても、風俗は無くならない」ということだ。これまでも、そしてこれからも、風俗の存在自体を認めない「風俗否定論者」はいなくならないだろう。しかし、だからといって風俗の存在がこの社会から消えることは無い。

これまでの章で見てきた通り、風俗の役割はインフォーマルな形でのインクルージョン

（社会的包摂）にある。行政や福祉といったフォーマルな形でのインクルージョンでは、制度の不備や欠陥、予算の問題もあって、万人を包摂することはできない。風俗の世界は、そこから排除された人々を包摂してきた。もちろん、包摂が搾取へと変化してしまうリスクとは常に隣り合わせだが、風俗によってしか救われない人たちがいることは、紛れもない事実だ。その意味で、風俗の否認は端的に無効である。

二つ目は、「風俗を不可視化して黙認するのは危険」ということだ。社会の影絵のような存在である風俗の世界は、否認も撲滅もできない。そのため警察をはじめとする行政は「表社会から物理的に隔離し、不可視化した上で黙認する」という姿勢を取ってきた。

具体的には、店舗を繁華街などの一部の地域に集めた上で、その時代の社会通念に照らし合わせて、過度に目立った振る舞いや明らかな違法行為をしなければ営業を黙認する、という形だ。九〇年代末以降、店舗型から無店舗型への移行が進んだのも、表社会からの不可視化を目指す姿勢の表れである。

しかし風俗を不可視化した上で黙認するということは、風俗の内側で起こっている数多の問題も不可視化された上で黙認されてしまうということに他ならない。

事実、風俗の現場で盗撮や性暴力、ストーカーなどのトラブルが起こっても、警察が動いてくれないケースは少なくない。コンドームを使用しない生サービスがこれだけ現場で常態化しており、数十万人規模の男女がＨＩＶやＢ型肝炎等の危険な性感染症のリスクに晒されていてもなお、保健所は全く動かない。その意味では、風俗の存在が社会的に有害なのではなく、風俗の隔離・不可視化・黙認という行政の姿勢こそが、社会的に有害なのだ。

三つ目は、「だからといって、風俗の存在を社会的・法律的に公認することはできない」ということだ。娯楽目的の性交類似行為をサービスとして提供する性風俗関連特殊営業は、法律上、どこまで行っても「青少年の健全な育成を妨げる恐れのある、社会通念上認められない存在」であり、保護や推奨ではなく規制や監視の対象でしかない。

この三つ（否認の無効性、黙認の有害性、公認の不可能性）は、もはや議論の余地の無い事実である。これまでも、そしてこれからも変わらない所与の条件だ。風俗の世界からブラックな部分を全て取り除く（健全化する）ことはできないが、かといって浄化作戦で全てをホワイト一色に塗り替える（撲滅する）こともできない。

だとすれば、目指すべきゴールは、この世界に足を踏み入れた男女が、過度のリスクや不要なスティグマを負わずに、入退場の自由を確保しながらそれぞれのニーズをそれなりに満たせるという、ミドルリスク・ミドルリターンの「居心地の良いグレーの世界」に保っていくことではないだろうか。

そのためには、風俗を黙認ではなく「容認」＝否定や禁止、排除や黙殺をせずにいったん受け入れた上で、福祉や社会とつながる方法を手探りで模索していくしかない。必要なのは、健全化でも浄化でもない「社会化」だ。それ以外に、風俗に関わる当事者の不幸を減らすことのできる選択肢、そして私たちの社会がとるべき選択肢は無い。

2　風俗と社会をつなぐ「夜の世界のソーシャルワーカー」を育成せよ

これまで見てきたように、風俗の世界には、私たちの社会が抱えている問題が最も先鋭化された形でリアルタイムに反映される。妊産婦やシングルマザー、障害者や中高年女性など、社会的に弱い立場にある女性たちが集まる業種になればなるほど、そうした問題がもたらす不幸や悲劇は、彼女たちの無防備な裸体と人生に荒々しく焼き付けられる。

風俗の世界の課題を解決するためには、夜の世界に生きる当事者たちの言葉やニーズを昼の世界の非当事者たちに伝わる形に翻訳して発信するスキルだけでなく、昼の世界の社会福祉制度、支援のスキルやノウハウを、夜の世界の当事者たちに伝わる形に加工して届けるスキルを併せ持った、「夜の世界のソーシャルワーカー」が必要になる。

残念ながら、現時点では「夜の世界のソーシャルワーカー」と呼べるようなNPOや団体は片手で数えるほどしかいない。警察白書によれば、二〇一三年時点での国内の性風俗関連特殊営業の届け出数は、デリヘルだけでも一万八八一四件。風俗の世界で働く女性の総数は数十万人とも言われているが、そうした現状に対して「夜の世界のソーシャルワーカー」の数は圧倒的に不足している。

ホワイトハンズでは、風俗と福祉をつなぐことをテーマにした「風俗福祉基礎研修」を定期的に開催している。研修では、風俗に関する法律とこれまでの歴史を講義で学んだ上で、実際に福祉や風俗の現場で起こった事例を基にグループディスカッションを行っている。

今後は、「夜の世界のソーシャルワーカー」の育成機関を目指して、第六章のソーシャルワークと風俗の連携事業から得られた事例や情報を整理・分析しながら講義やワークショップの質を高めていく予定だ。

ソーシャルワーカーが風俗の世界に足を踏み入れて、適切な支援を行っていくために必要な知識とスキルを学ぶことのできる場、そして風俗の世界で働く女性やスタッフ、経営者がソーシャルワークの知識と理解を深めることのできる「風俗と福祉がつながる場」に育てていきたい。

3 風俗は単独ではセーフティーネットにはなり得ない。福祉や司法との連携を目指せ

繰り返すが、風俗だけでは生活困窮者のセーフティーネットにはなり得ない。しかし生活保護をはじめとした社会保障制度の現状を見れば、国や自治体による公助だけをセーフティーネットとして頼ることにも限界があることが分かる。

例えば、母子家庭支援の関係者の間では、児童扶養手当の加算額の増額などの現金給付、貸与型ではない給付型の奨学金の拡充が叫ばれている。日本の母子世帯は八割が就労しているが、貧困率は五割を超える。働けないことが問題なのではなく、働いても貧困から抜け出せないことが問題なのだ。

にもかかわらず、現行の生活困窮者自立支援制度では、現金給付ではなく経済的・社会的な自立に向けた相談支援の提供がメインになっている。ダブルワーク、トリプルワーク

で子どもと過ごす時間を削って働いてもなお貧困から抜け出せないシングルマザーへの支援の中身が「さらなる就労支援」というのは、たちの悪いブラックジョークにしか思えない。

こうした状況下で、現金日払いの風俗店が、少なくない母子世帯に「現金給付」を行う役割を果たしているという現実がある。また貧しいがゆえに問題が切迫している母子世帯は、住居や託児に関して、事前予約や審査、煩雑な申請手続きの必要な「タイムラグのある支援」ではなく、今この場で、電話やメール、ライン一本ですぐに利用できる「リアルタイムの支援」を求めている。そして、「子ども連れで即入居可能なマンション個室寮」といった形で、彼女たちのニーズに応じることができるのは、今の社会では風俗しかない。

だが裏を返せば、風俗はリアルタイムの支援「しか」提供できない。目先のニーズに過度に応えてしまうことで、本人が将来安定した社会生活を送るための土台そのものを壊してしまうこともある。

夜の世界には「魔の一カ月」という言葉がある。日払い制のキャバクラや風俗で働いていた女性が、足を洗って月給制の昼職に変わる際には、最低一カ月間を無給の状態で生き延びなければならない。貯金が無かったり、浪費の習慣が抜けていないために、いつまでたってもこの「魔の一カ月」を突破できず、結局夜の世界に戻ってくる女性も少なくない。リアルタイムの支援「だけ」では、セーフティネットにはなり得ないのだ。タイムラグのある支援と組み合わせて、はじめて生活を立て直すことができる。

風俗は、決して単独ではセーフティネットになり得ない。しかし、セーフティネットを編み上げるために必要な「命綱」の一本にはなり得る。風俗の存在を社会的に「容認」した上で、「夜の世界のソーシャルワーカー」の仲介を通してまず福祉とつなぎ、そこから司法や医療といった他の「命綱」と組み合わせることができて、はじめて切れ目のないセーフティネットになるのだ。

風俗のDNAには、社会的排除を社会的資源に逆転させるダイナミズムが刻み込まれている。そして、「社会問題としての貧困と戦うための、最前線の防衛拠点にして情報集積・発信基地」に進化し得るポテンシャルを秘めている。このダイナミズムとポテンシャルは、福祉や社会とつながることではじめて発揮される。

昼の世界の包摂を担う福祉、そして夜の世界の包摂を担う風俗は、敵同士ではない。同じインクルージョンという名の母から生まれ、エクスクルージョン（社会的排除）という名の共通の敵と闘っている、一卵性双生児なのだ。

本書が風俗と福祉、そして社会をつなぐための架け橋になることを祈って、締めくくりの言葉を述べたい。

風俗には、社会とつながる勇気を。

福祉には、風俗と共闘する勇気を。

夜の世界のヴァルキューレよ、エクスクルージョンとの終わりなき闘いに挑む双子の戦士たちに、この二つの勇気を与えたまえ！

あとがき

二〇一五年一一月一日。東京・渋谷にて、セックスワーク・サミット2015「女性の貧困と性風俗——性風俗は『最後のセーフティネット』なのか?」が開催された。ゲストは鈴木晶子さんとデッドボール総監督。若年生活困窮者支援の専門家と貧困女性の働く激安風俗店店長の対談、という福祉業界騒然の組み合わせが話題を呼び、約一〇〇名の参加者と複数のメディア取材が殺到し、会場は立ち見が出るほどの超満員となった。

第一部では「女性の貧困は、なぜ見えにくいのか」というテーマで、鈴木晶子さんから支援現場から見える女性の貧困の現状、その背景にある貧困の連鎖についてお話し頂いた。

心身の障害や病気、育児や介護などの事情で限られた時間しか働けない女性を採用してくれるところは、ほぼ最低賃金の職場しかない。そこでどれだけ長時間頑張って働いても月収一〇～一一万円程度にしかならないので、一向に生活は楽にならない。様々な事情を抱えた人を受け入れてくれる就労先を地域で開拓することが支援現場での重要な課題だが、日々力不足を痛感しているという。

また精神疾患がある人は、朝起きて、決まった時間に通勤し、就業時間の間きちんと仕事に従事すること自体がどうしてもできない、というケースが少なくない。そのため、せっかく仕事に就くことができてもすぐに辞めてしまう。就労先を探す前に、まず安心して仕事に行ける環境、仕事を続けられる健康状態を整える必要がある。

生活に困窮している人は、低所得だけではなく、精神疾患や知的・発達障害、難病や虐待、性的マイノリティ、家族の病気や介護など、様々な困難が複合化しているため、支援が難しい。しかし行政の窓口は縦割りなので、生活困窮者の抱えている複合化した困難に対して、個別にアプローチすることができない。その結果、支援を受けることができずに制度の隙間に落ち込んでしまい、ただでさえ見えにくい貧困がますます見えにくくなる悪循環に陥ってしまう。こうした見えづらさにより、貧困は次世代に連鎖していく。

超満員のサミット会場風景

†「ぴっかりカフェ」と「風テラス」

貧困の連鎖を食い止める試みの一つとして、鈴木さんが理事を務めるNPO法人パノラマの運営する高校内カフェ=「ぴっかりカフェ」が紹介された。「ぴっかりカフェ」は、高校の図書館を活用した交流相談であり、中退や進路未決定で卒業するリスクの高い高校生たちを予防的に支援する取組みとして行われている。

中退や進路未決定で卒業した若者が正規雇用につくことは困難であり、多くが経済的に困窮していることが予想されるが、いったん高校を中退してしまうと、そうした困難を抱えた若者の姿は社会から見えなくなる。そうすると生活や就労について必要な支援を届けることが極めて困難になってしまう。

また貧困家庭の若者たちは結婚や出産が早く、早ければ高校在学中に妊娠・出産を経験する。そこから産まれた子どもはまた貧困になり、次世代への貧困の連鎖が始まってしまう。

そう考えると、高校は貧困の連鎖を防ぐための「最後の砦」だ。高校の段階でいかに中退を防ぎ、地域で必要な支援につながるためのプラットフォームを作れるか、が重要になる。

しかし貧困状態で困っている高校生が、自分から公的機関の窓口に相談に訪れることはまずない。そこで高校に支援者が直接出向き（アウトリーチ）、図書館をカフェにすることで、普段の学校生活の中で自然に生徒たちと交流しながら、必要に応じて地域の人的・公的資源につなげて福祉的支援や就労支援を行っていく、という試みだ。

第二部では「地雷専門店の現場から考える女性の貧困」というテーマで、デッドボール総監督にお話し頂いた。その中で、第六章で取り上げた待機部屋での無料生活・法律相談会の報告が行われ、弁護士・社会福祉士の方々の協力の下、今後も継続的に実施していくことが決定した。事業名は「風テラス」。司法と福祉の光で風俗の暗闇を照らす、という願いを込めている。

「ぴっかりカフェ」が昼の世界の「最後の砦」だとするならば、「風テラス」は夜の世界の「最後の砦」だ。高校の図書館内と、激安風俗店の待機部屋内という場の違いはあるが、目指すべきゴールはいずれも「貧困の連鎖を食い止めること」である。

†必要なのは「迷いながら、考え続けていくこと」

鈴木さんとデッドボール総監督のご講演、そしてお二人の対談で議論された内容に対して、参加者から多くの感想が寄せられた。その一部を紹介しよう。

「福祉と性風俗の連携というテーマ、対談がとても新鮮でした。両者は区別して扱われることが多いからです。しかし、今日一日のサミットを通して、いかに貧困が『貧困』の一言で済ますことができない、複雑で複合化されたものであるか実感しました。その上で、特に女性において、貧困と性風俗が切り離せないものであるということを思いました。また一括りに性風俗といっても様々な店があり、弁護士や社会福祉士とのつながりのある人もいたというのは新たな気づきでした。

ぴっかりカフェ、風テラス、デッドボールさんのお話を伺って考えたことは、『話してもいい』と当事者が思うことのできる場をどのように作るかでした。話す、話さない、働く、働かないことを彼女たちが決める。その選択の『自由』を奪わない、強制しない場が求められると思います。そのために、性風俗に対する偏見をどうすればいいか。特別視し

ないためにはどうしたらいいか。答えは分かりませんが、考え続けていきたいと思います」（二〇代女性・大学生）

「四〇代以上の女性中心の風俗店を運営しております。貧困層の高齢女性たちが社会的支援や風俗業から脱却できる可能性がいかに低いかを実感しつつ、少しでも女性の人生（ほぼ終活ですが）の前進を考えて運営しています。

支援を受けている若年層の女性たちが、まだ長い人生において本当に自立できるよう、心から願っています。支援を行う方たちは、様々な社会的支援の紹介、生活の立て直し、その後のケアまで本当に大変だとは思いますが、繋がりを残すようなアフターケアがあれば、おそらく四〇～五〇代でまた風俗に来ること無く、家からパートに行ける生活が待っているかもしれません」（四〇代男性・風俗店経営者）

「性風俗が最後のセーフティネットであってはならない、という意識は、風俗に対する差別意識の表れではないかと思う一方で、風俗を自発的に選び、そこから卒業していける女性は風俗業以外でもやっていく力がある人たちである。そのような力を持っていない女性

たちに何ができるかを考えていきたい」（四〇代女性・弁護士）

この他にも、「関わる方々が単純な正義感ではなく、風俗という業界をどう捉えるか迷いながら活動されていることを嬉しく思う」「風俗が福祉の一端を担っている現状は、本当に良いのだろうか？ モヤモヤしたものが残る」「風俗は福祉ではないので、福祉の機能を期待するのはどうかと思う」「風俗しかできないという女性もいるとは思うが、福祉の側もスピード感のある支援を行っていく必要性がある」など、様々なご意見・ご感想を頂いた。参加された方の多くが、モヤモヤした気持ち、割り切れなさを感じながらも、多くの宿題を受け取ったサミットになったと思う。

独りよがりの単純な正義感を押し付けるだけ、「搾取／被搾取」「被害者／加害者」といった分かりやすい二項対立図式を当てはめるだけでは、この多面体の世界の中で起こっている問題は理解も解決できない。この世界の複雑さやジレンマをいったん受け入れた上で、迷いながらも実践を積み重ねていくという姿勢が重要になるだろう。これまでは、むしろそうした「迷い」が足りなかったと言える。「正しく迷うこと」が求められているのかもしれない。

風俗と福祉の連携を目指す試みは、まだ端緒についたばかりだ。課題も山積している。ただ、福祉との連携によって得られるメリットは、この世界で働く当事者の福利厚生や権利擁護だけにはとどまらないはずだ。

これまで風俗は、外部の非当事者によって一方的に語られ、女性に対する搾取や差別と決めつけられ、悪の象徴として裁かれる無言の「客体」であり続けてきた。しかし、福祉との連携を通して、時間はかかるかもしれないが、自らの言葉で自らの「正義」＝社会的存在意義を主張する「主体」へと少しずつ進化していくことができるのではないだろうか。

サミットからの帰り道、終電の上越新幹線の中で、そうした「風俗の正義」についてぼんやりと考えながら、私は一二年前の大学時代に行ったゼミ研究のことを思い出していた。

†ゼミ合宿での血祭り体験

「ルポルタージュでいいんじゃないのか？」

二〇〇三年のゼミで風俗研究の中間発表をした際、指導教官の上野千鶴子先生からこう言われた。私は「ルポじゃダメなんです！」と心の中で叫んだ。

今にして思えば若さゆえの誇大妄想以外の何物でもないが、当時から体験取材や潜入ルポという「あちら側の世界」という形で風俗を記述・消費することしかできない現状に辟易していた私は、風俗を「こちら側の世界」＝現代社会の鏡として捉え、プレイの現場で起こっていることを社会学的に分析した上で、この世界の出来事を全て説明できるグランド・セオリー（一般理論）を提示する論文を書きたい、と強く願っていたのだ。

上野先生の「ルポでいいんじゃないのか？」発言は、好意的に解釈すれば「現場の参与観察に基づいたルポだけでも十分に面白い研究になるよ」という助言だったのかもしれない。後ろ向きに解釈すれば「今のお前にルポ以上のものを書ける能力は無いから、おとなしくルポだけにしておけ」という冷徹な宣告だったのかもしれない。おそらく正解は後者だったのだろう。

結局、私は調査で得た限られた情報を強引に拡大解釈して、当時流行っていた斎藤環と宮台真司を足して二で割っておまけにフーコーを掛け合わせたような陳腐な結論を無理矢理モデル化して提示するという軽挙妄動に出てしまい、ゼミ合宿の発表の場で、猛者揃いの院生の先輩方と上野先生から完膚なきまでにこき下ろされるという惨劇の主人公になってしまった。それにしても、いたいけな学部生の微笑ましい失敗を、教授と修士と博士がよってたかって叩きまくるとは、血も涙も無いゼミである。

それでも懲りない私は、グランド・セオリーの構築は無理だとしても、これまでのようなルポの羅列や、働く女性側だけに焦点を当てたベタな先行研究とは一線を画する内容で、社会的な視点から風俗を分析した論考をいつか出したい、と思い続けてきた。

それから一二年の歳月を経て本書を世に問うことができ、個人的には感無量である。タイムマシーンがもしあるならば、あのゼミ合宿の日にタイムスリップして、拙い論文の代わりに本書の原稿をドヤ顔で発表し、院生と先生とギャフンと言わせてやりたい。

†ブラックボックスに立ち向かうために

ただ、風俗の世界はあまりにも広くて深い。本書で切り取った世界は、風俗のごく一部に過ぎない。同じ「風」の世界でも、本書で取り上げたような冷たく吹きすさぶ「北風」の世界ばかりではなく、貧困とは全く無縁の「春風」のように穏やかな世界もあれば、一部のライブチャットのように顔バレや性感染症のリスクに晒されることなく働ける「無風」の世界もある。

同じ業種でも、地域によって実態が全く異なる場合がある。場合によっては、同じ店舗の中でも時間帯や女性によって客層が全く変わることもある。目の眩むようなモザイク状の多様性があるのだ。

私も大学時代から風俗を研究し、風俗の社会化を考える国内唯一のイベント「セックスワーク・サミット」の主宰、及び性労働の専門誌「セックスワークジャーナル・ジャパン」やデリヘル経営に必要な法律・歴史の知識をまとめた「デリヘル六法」の編集を行い、日々業界関係者の方々と接しながら、こうやって風俗に関する新書を執筆している立場ではあるが、それでもこの世界のせいぜい二割程度しか理解できていないという実感がある。残りの八割は、依然としてその輪郭すら見えないブラックボックスだ。

しかし風俗の世界で起こる課題の八割は、全体の二割が生み出している。その二割を確実に把握することができれば、八割の課題に適切な処方箋を出せると私は信じている。本書では、その二割を徹底的に網羅したつもりだ。

これから風俗の世界に関わっていきたいと考えている学生や福祉職、NPO関係者やソーシャルワーカーの方々にとって、本書が暗闇を照らす一本の松明になれば幸いである。

ここで、本書の取材・執筆の過程でお世話になった方々に謝辞を述べたい。私の不躾な取材に協力してくださったAさん、妊婦・母乳専門店の店長、風俗プレナーの大崎柳也さん、総監督をはじめとする鶯谷デッドボールの皆様、kaku-butsuの金丸伸吾さん、おかあさん代表の後藤さん、鈴木晶子さん、弁護士の浦崎寛泰さんと徳田玲亜さん、社会福祉士の及川博文さん、セックスワーク・サミットに登壇してくださった寺谷公一さん、開沼博さん、角間惇一郎さん、インターンの高田昂さん、ご多忙の中ゲラチェックをして勇気づけられるコメントをお寄せくださった藤見里紗さんと貝瀬千里さん、風俗漫画の金字塔『デリバリーシンデレラ』の作者で帯に美麗イラストを描いてくださった漫画家のNONさん、そしてサミットの陰の主役にして一騎当千の名司会者・赤谷まりえさんに、この場を借りてお礼を申し上げたい。

また今回も、前著『男子の貞操』に引き続き筑摩書房の橋本陽介さんに大変お世話になった。新婚にもかかわらず、休日を返上して地雷専門店の待機部屋や熟女専門店の事務所まで取材に同伴してくださったことに感謝したい。

最後にクイズを出そう。本書は、これまでの風俗関連書籍で一〇〇%と言っていいほど用いられてきた「ある言葉」を一度も使っていない。さて、その「ある言葉」が何なのか、そして、なぜ私があえてその言葉を使わなかったか、お分かりになるだろうか。

ここまで本書を熟読してくださった方には、すぐにお分かりになるはずだ。すぐに正解がお分かりにならなかった方は、残念ながら読み込みが足りない。また「はじめに」から読み返してほしい。

正解がお分かりになった方は、本書を持参の上、次回のセックスワーク・サミット会場で、私まで直接口頭で伝えて頂きたい。正解者にはサインを進呈しよう。それでは、次回のサミット会場で、あなたにお会いできるのを楽しみにしている。

二〇一五年一一月二日　深秋の新潟市にて　坂爪真吾

【寄付金募集のお願い】本文中で紹介した待機部屋での無料生活・法律相談「風テラス」は、皆様からの寄付金によって運営しております。温かいご支援をお待ちしております。
【振込先口座】ゆうちょ銀行　記号11200　番号40623041　名義フウテラスキキン
＊他金融機関からのお振込みの場合　店名一二八　店番128　普通預金　番号4062304
風テラスの詳細はこちら　http://www.whitehands.jp/futerasu

ちくま新書
1162

性風俗《せいふうぞく》のいびつな現場《げんば》

二〇一六年一月一〇日　第一刷発行
二〇一六年二月二〇日　第四刷発行

著者　坂爪真吾（さかつめ・しんご）
発行者　山野浩一
発行所　株式会社　筑摩書房
東京都台東区蔵前二-五-三　郵便番号一一一-八七五五
振替〇〇一六〇-八-四一二三
装幀者　間村俊一
印刷・製本　三松堂印刷　株式会社

乱丁・落丁本の場合は、左記宛にご送付ください。
送料小社負担でお取り替えいたします。
ご注文・お問い合わせも左記へお願いいたします。
〒三三一-八五〇七　さいたま市北区櫛引町二-六〇四
筑摩書房サービスセンター　電話〇四八-六五一-〇〇五三

ISBN978-4-480-06868-2 C0236

ちくま新書

809 ドキュメント 高校中退
――いま、貧困がうまれる場所
青砥恭
高校を中退し、アルバイトすらできない貧困状態へと落ちていく。もはやそれは教育問題ではなく、社会を揺るがす問題である。知られざる高校中退の実態に迫る。

883 ルポ 若者ホームレス
飯島裕子
ビッグイシュー基金
近年、貧困が若者を襲い、20~30代のホームレスが激増している。彼らはなぜ路上暮らしへ追い込まれたのか。貧困が再生産される社会構造をあぶりだすルポ。

955 ルポ 賃金差別
竹信三恵子
パート、嘱託、派遣、契約、正規……。同じ仕事内容でも、賃金に差が生じるのはなぜか？　非正規雇用という現代の「身分制」をえぐる、衝撃のノンフィクション！

1029 ルポ 虐待
――大阪二児置き去り死事件
杉山春
なぜ二人の幼児は餓死しなければならなかったのか？現代の奈落に落ちた母子の人生を追い、女性の貧困を問うルポルタージュ。信田さよ子氏、國分功一郎氏推薦。

1113 日本の大課題 子どもの貧困
――社会的養護の現場から考える
池上彰編
格差が極まるいま、家庭で育つことができない子どもが増えている。児童養護施設の現場から、子どもの貧困についての実態をレポートし、課題と展望を明快にえがく。

1120 ルポ 居所不明児童
――消えた子どもたち
石川結貴
貧困、虐待、家庭崩壊などが原因で、少なくはない子どもたちの所在が不明になっている。この国で社会問題化しつつある「消えた子ども」を追う驚愕のレポート。

1125 ルポ 母子家庭
小林美希
夫からの度重なるDV、進展しない離婚調停、親子のギリギリの生活……。社会の矛盾が母と子を追いこんでいく。彼女たちの厳しい現実と生きる希望に迫る。

ちくま新書

1067
男子の貞操
――僕らの性は、僕らが語る
坂爪真吾
男はそんなにエロいのか？　初体験・オナニー・風俗・童貞など、様々な体験を交えながら、男の性の悩みを一刀両断する。学校では教えてくれない保健体育の教科書。

904
セックスメディア30年史
――欲望の革命児たち
荻上チキ
風俗、出会い系、大人のオモチャ。日本には多様なセックスが溢れている。80年代から10年代までの性産業の実態に迫り、現代日本の性と快楽の正体を解き明かす！

927
ポルノ雑誌の昭和史
川本耕次
実話誌、通販誌、自販機本、ビニ本。ヘア、透け、ロリコン……。販路・表現とも現代のインターネット以上にゲリラだった。男の血肉となった昭和エロ出版裏面史。

186
もてない男
――恋愛論を超えて
小谷野敦
これまでほとんど問題にされなかった「もてない男」の視点から、男女の関係をみつめなおす。文学作品や漫画を手がかりに、既存の恋愛論をのり超える新境地を展開。

364
女は男のどこを見ているか
岩月謙司
女の行動の謎は男にとって悩みのタネのひとつである。彼女たちはいったい何を求めているのか？　男が再び、智恵と勇気と愛と感謝の気持ちを持つための必読の一冊。

494
男は女のどこを見るべきか
岩月謙司
なぜ、夫の浮気はバレても妻の浮気はバレないのか？なぜ、女は天使にも悪魔にもなれるのか？　男女の思考方法の違いを解明し、女性との良好な接し方を伝授する。

836
教養としての官能小説案内
永田守弘
欲深い読者の嗜好に応じ多様なジャンルの作品が咲きほこる官能小説の世界。淫らに成熟したこの表現世界の精髄を、巨匠らの名作・怪作を歴史的にたどりながら探る。